Rueff

Analytische Geometrie

Skript zur Unterrichtseinheit

(Mathematik – Sekundarstufe 2)

Analytische Geometrie

Skript zur Unterrichtseinheit

(Mathematik – Sekundarstufe 2)

von Dr. Andreas Rueff

3. Auflage

 Books on Demand

Dr.-Ing. Dipl.-Phys. Andreas K. E. Rueff

Physik-Studium in Kaiserslautern, anschließend
wissenschaftlicher Mitarbeiter am Leibniz-
Institut für Neue Materialien in Saarbrücken,
Promotion in Saarbrücken, anschließend Zusatz-
qualifikation zum Lehramt für Mathematik und Physik.

Bibliographische Information der Deutschen Nationalbibliothek

Die Deutsche Nationalbibliothek verzeichnet diese Publikation in der Deutschen
Nationalbibliographie; detaillierte bibliographische Daten sind im Internet
über http://dnb.d-nb.de abrufbar.

Zu den mit  gekennzeichneten Seiten sind Lernvideos im Internet verfügbar.

© 2015 Dr. Andreas Rueff, Kaiserslautern

Herstellung und Verlag: Books on Demand GmbH, Norderstedt
ISBN 978-3-734-731259

3. Auflage, 2015
Internetseite zum Heft: http://mathematik-sek1.bodautor.de

Vorwort

Die Ausbildung zu fördern und die erworbenen Kenntnisse für den Gebrauch in der Schule und im Alltag griffbereit zu erhalten ist das Ziel dieses Skripts. Die Zusammenstellung orientiert sich an den Inhalten der Unterrichtseinheit *Analytische Geometrie* im Rahmen des Unterrichtsfachs Mathematik in der Sekundarstufe 2. Es ist aus zahlreichen Unterrichtsvorbereitungen hervorgegangen und soll die wichtigsten Inhalte zusammenfassen.

Die vorliegende Zusammenstellung soll nur den notwendigsten Stoff in einer strukturierten Form erfassen und dadurch das Arbeiten erleichtern. Den Gesamtzusammenhang nicht aus den Augen zu verlieren ist die Absicht.

Jedes Lehrbuch lebt von der kritischen Mitarbeit der Leser. Insbesondere in der naturwissenschaftlichen Literatur lässt es sich auch bei sorgfältigster Bearbeitung kaum vermeiden, dass sich Druckfehler einschleichen. Der Verfasser freut sich deshalb über Verbesserungsvorschläge oder Hinweise auf mögliche Fehler.

Als nützliche Gedächtnisstütze zur Unterrichtseinheit zu dienen ist das Ziel.

Kaiserslautern, im Herbst 2014   A. Rueff

Inhalt

Einstieg

Als wichtige Grundlage für die Unterrichtseinheit dienen Gleichungssysteme. Die Lösungsstrategien aus der Mittelstufe sollen hier kurz zur Wiederholung zusammengefasst werden.

Gleichungssysteme

Gleichungssysteme (GLS) setzen sich immer aus zwei oder mehr Gleichungen zusammen. Der einfachste Fall ist ein Gleichungssystem aus zwei Gleichungen. Das bedeutet, dass man zwei Gleichungen (z.B. die Funktionsgleichungen von zwei linearen Funktionen) in einem System zusammenfasst.

Erstes Beispiel für ein Gleichungssystem:

$$\text{I)} \quad y = 2x - 8$$

$$\text{II)} \quad y = -3x + 2$$

Oft sind bei Gleichungssystemen die Gleichungen in der Normalform gegeben.

Zweites Beispiel:

$$\text{I)} \quad -2x + y + 8 = 0$$

$$\text{II)} \quad 3x + y - 2 = 0$$

Das Gleichungssystem besteht aus zwei Gleichungen I); II) mit zwei Variablen x; y.

Die Lösung eines solchen Gleichungssystems kann durch drei unterschiedliche Vorgehensweisen erfolgen.

Gleichsetzungsverfahren

Das Ziel ist es nun beide Gleichungen zu einer einzigen Gleichung zusammenzufassen und dabei die Anzahl der Variablen auf eine einzige zu verringern.

Ist das Gleichungssystem wie im ersten Beispiel gegeben, werden beide Gleichungen gleichgesetzt:

$$\text{I)} \quad y = 2x - 8$$

$$\text{II)} \quad y = -3x + 2$$

Gleichungen gleichsetzen I) = II) ergibt:

$$2x - 8 = -3x + 2$$

Man erhält eine Gleichung mit einer Variablen. Diese kann auf herkömmliche Weise gelöst werden. Für x erhält man:

$$x = 2$$

Jetzt muss die Lösung für x noch zur Berechnung der zweiten Variable y verwendet werden. Man wählt eine der beiden Gleichungen des Gleichungssystems und setzt den Wert für x ein. (Welche Gleichung man hierfür verwendet ist egal.)

Einsetzen in Gleichung I):

$$y = 2 \cdot 2 - 8$$
$$\Rightarrow y = -4$$

Das Wertepaar $x = 2$ und $y = -4$ ist also die Lösung des Gleichungssystems:

$$\Rightarrow \mathbb{L} = \{2; -4\}$$

Einsetzungsverfahren

Ist das Gleichungssystem wie im zweiten Beispiel gegeben, bietet sich das Einsetzungsverfahren an. Dabei wird zunächst eine Gleichung nach einer Variablen aufgelöst.

$$\text{I)} \quad -2x + y + 8 = 0$$

$$\text{II)} \quad 3x + y - 2 = 0$$

Gleichung I) nach y auflösen ergibt:

$$\text{I')} \quad y = 2x - 8$$

Gleichung I') wird nun in Gleichung II) eingesetzt:

$$\text{II)} \qquad 3x + y - 2 = 0$$

$$\text{II')} \quad 3x + (2x - 8) - 2 = 0$$

Diese Gleichung hat nur noch eine Variable und kann wieder auf herkömmliche Weise gelöst werden. Es ergibt sich:

$$x = 2$$

Jetzt muss die Lösung für x wieder zur Berechnung der zweiten Variable y verwendet werden. Man wählt wieder eine der beiden Gleichungen des Gleichungssystems und setzt den Wert für x ein.

Einsetzen in Gleichung I):

$$-2 \cdot 2 + y + 8 = 0$$

$$\Rightarrow y = -4$$

Das Wertepaar $x = 2$ und $y = -4$ ist also auch hier die Lösung des Gleichungssystems:

$$\Rightarrow \mathbb{L} = \{2; -4\}$$

Additionsverfahren

Beim Additionsverfahren werden beide Gleichungen des Gleichungssystems durch Addition zu einer einzigen Gleichung zusammengefasst. Dies muss derart erfolgen, dass nur noch eine der beiden Variablen übrig bleibt. Dazu muss zunächst mindestens eine der Gleichungen durch Multiplikation mit passenden Zahlen angepasst werden. Am folgenden Beispiel soll dies verdeutlicht werden:

$$\text{I)} \qquad 4x + 3y - 10 = 0$$

$$\text{II)} \qquad -2x - 5y + 19 = 0$$

Bei der Addition der Gleichungen werden die untereinander stehenden Terme addiert, wodurch eine neue Gleichung entsteht. Die Addition der beiden

Gleichungen in der vorliegenden Form würde zunächst dazu führen, dass beide Variablen noch vorhanden wären:

$$\text{I)} \quad 4x + 3y - 10 = 0$$

$$\text{II)} \quad -2x - 5y + 19 = 0$$

$$\text{I+II)} \quad \overline{2x - 2y + 9 = 0}$$

<u>Dies muss verhindert werden!</u> Wenn man allerdings vor der Addition die zweite Gleichung zuerst mit 2 multipliziert, erhält man eine Gleichung, in der nur noch eine Variable vorkommt.

Zweite Gleichung mit 2 multiplizieren:

$$\text{II)} \quad -2x - 5y + 19 = 0 \quad |\cdot 2$$

$$\Rightarrow \text{II')} \quad -4x - 10y + 38 = 0$$

Das neue Gleichungssystem aus den Gleichungen I) und II') kann nun addiert werden:

$$\text{I)} \quad 4x + 3y - 10 = 0$$

$$\text{II')} \quad -4x - 10y + 38 = 0$$

$$\text{I+II')} \quad \overline{ -7y + 28 = 0}$$

Die Variable x ist durch die Umformung von Gleichung II) nach II') bei der Addition entfallen. Man erhält also eine Gleichung mit nur einer Variablen. Die Lösung dieser Gleichung ergibt:

$$y = 4$$

Dieses Ergebnis kann nun wieder in eine der Ausgangsgleichungen eingesetzt werden, um den Wert für die zweite Variable zu ermitteln.

Beispielsweise in Gleichung I) eingesetzt ergibt sich:

$$\text{I)} \quad 4x + 3 \cdot 4 - 10 = 0$$

Diese Gleichung hat als Lösung: $x = -0{,}5$

Als Lösung des Gleichungssystems erhalten wir also $\Rightarrow \mathbb{L} = \{-0{,}5 ; 4\}$

Die Lösungen der Gleichungssysteme können durch eine Probe bestätigt werden. Hierzu sind die beiden Werte der Lösung in die Gleichungen einzusetzen. Ergibt sich dabei eine wahre Aussage, ist das Ergebnis dadurch bestätigt.

Gleichungssysteme mit drei Gleichungen

Für die Analytische Geometrie ist die Lösung von Gleichungssystemen mit mehr als zwei Gleichungen von zentraler Bedeutung.

Hierbei sind die Anzahl der Variablen und die Anzahl der Gleichungen zu beachten.

Unterscheide die folgenden Fälle:

1) Das Gleichungssystem hat mehr Variablen als Gleichungen. Dann spricht man von einem *unterbestimmten Gleichungssystem*. Eine eindeutige Lösung ist dann nicht möglich.

2) Das Gleichungssystem hat weniger Variablen als Gleichungen. Dann spricht man von einem *überbestimmten Gleichungssystem*. Für eine eindeutige Lösung würde es genügen, wenn die Anzahl der Gleichungen und die Anzahl der Variablen übereinstimmen. Eine Lösung für das GLS existiert hier allerdings nur dann, wenn alle Gleichungen durch die ermittelten Werte für die Variablen erfüllt sind.

3) Das allgemeine Fall ist der, dass die Anzahl der Variablen und der Gleichungen übereinstimmt.

Weiterhin ist auch bei den Gleichungssystemen mit drei und mehr Gleichungen zu beachten, dass das Gleichungssystem entweder eine Lösung, unendlich viele Lösungen oder auch keine Lösung haben kann. (Bezogen auf die Analytische Geometrie bedeutet das dann, dass das Ergebnis entsprechend interpretiert werden muss.)

An dieser Stelle soll daher ein Beispiel für den 3. Fall mit der Lösung durch das Einsetzungsverfahren demonstriert werden:

Gleichungssystem:

$$I) \quad 5x - 2y + 3z - 13 = 0$$
$$II) \quad 3x - 4y - 4z + 1 = 0$$
$$III) \quad -2x - y + z - 1 = 0$$

Erster Schritt: Gleichung I) nach einer Variablen umstellen:

$$5x - 2y + 3z - 13 = 0 \quad \rightarrow \quad x = +\frac{2}{5}y - \frac{3}{5}z + \frac{13}{5} \quad (*)$$

Zweiter Schritt: Dieses Zwischenergebnis wird in die zweite Gleichung eingesetzt:

$$3 \cdot \left(+\frac{2}{5}y - \frac{3}{5}z + \frac{13}{5} \right) - 4y - 4z + 1 = 0$$

Wir erhalten dadurch eine Gleichung mit nur noch zwei Variablen.

Die Gleichung wird zunächst vereinfacht. Die Klammern werden aufgelöst und die Variablen zusammengefasst:

$$3 \cdot \left(+\frac{2}{5}y - \frac{3}{5}z + \frac{13}{5} \right) - 4y - 4z + 1 = 0$$

$$\rightarrow \quad +\frac{6}{5}y - \frac{9}{5}z + \frac{39}{5} - 4y - 4z + 1 = 0$$

$$\rightarrow \quad +\frac{6}{5}y - \frac{9}{5}z + \frac{39}{5} - \frac{20}{5}y - \frac{20}{5}z + \frac{5}{5} = 0$$

$$\rightarrow \quad -14y - 29z + 44 = 0$$

Wir stellen wieder nach einer Variablen um:

$$\rightarrow \quad -14y - 29z + 44 = 0 \quad \rightarrow \quad y = -\frac{29}{14}z + \frac{44}{14}$$

Dritter Schritt: Dieses Zwischenergebnis wird in Gleichung (*) eingesetzt:

$$x = \frac{2}{5}\left(-\frac{29}{14}z + \frac{44}{14} \right) - \frac{3}{5}z + \frac{13}{5}$$

$$\rightarrow \quad x = -\frac{58}{70}z + \frac{88}{70} - \frac{3}{5}z + \frac{13}{5}$$

$$\rightarrow \quad x = -\frac{58}{70}z + \frac{88}{70} - \frac{42}{70}z + \frac{182}{70}$$

$$\rightarrow \quad x = -\frac{10}{7}z + \frac{27}{7}$$

Wir können jetzt die Variable x und die Variable y durch z ausdrücken:

$$x = -\frac{10}{7}z + \frac{27}{7} \quad ; \quad y = -\frac{29}{14}z + \frac{44}{14} \qquad (**)$$

Vierter Schritt: Diese Ausdrücke setzten wir in die dritte Gleichung ein:

$$-2\left(-\frac{10}{7}z + \frac{27}{7}\right) - \left(-\frac{29}{14}z + \frac{44}{14}\right) + z - 1 = 0$$

Die Gleichung enthält nur noch eine Variable. Wir stellen um nach z und erhalten:

$$-2\left(-\frac{10}{7}z + \frac{27}{7}\right) - \left(-\frac{29}{14}z + \frac{44}{14}\right) + z - 1 = 0$$

$$\rightarrow \quad +\frac{20}{7}z - \frac{54}{7} + \frac{29}{14}z - \frac{44}{14} + z - 1 = 0$$

$$\rightarrow \quad +\frac{40}{14}z - \frac{108}{14} + \frac{29}{14}z - \frac{44}{14} + z - 1 = 0$$

$$\rightarrow \quad +\frac{69}{14}z - \frac{152}{14} + \frac{14}{14}z - \frac{14}{14} = 0$$

$$\rightarrow \quad 83z - 166 = 0$$

$$\rightarrow \quad z = 2$$

Durch dieses Ergebnis für z lässt sich mit (**) der Wert für x und y bestimmen:

$$x = -\frac{10}{7}z + \frac{27}{7} \quad \rightarrow \quad x = 1$$

$$y = -\frac{29}{14}z + \frac{44}{14} \quad \rightarrow \quad y = -1$$

Somit erhalten wir die Lösung für das Gleichungssystem: $\quad \rightarrow \quad \mathbb{L} = \{1; -1; 2\}$

Durch eine Kombination der drei Lösungsverfahren kann u.U. eine verkürzte, einfache Rechnung erreicht werden. Eine Probe der Ergebnisse ist dadurch möglich, dass die berechneten Zahlen in die drei Gleichungen des GLS eingesetzt werden. Dann muss sich für jede Zeile eine wahre Aussage ergeben (z.B. 4 = 4).

Analytische Geometrie - Grundlagen

Koordinatensysteme

❶ 2-Dimensional

Abstandsformel:

$$d(A;B) = \sqrt{\left(b_1 - a_1\right)^2 + \left(b_2 - a_2\right)^2}$$

$$A\left(a_1 \mid a_2\right)$$
$$B\left(b_1 \mid b_2\right)$$

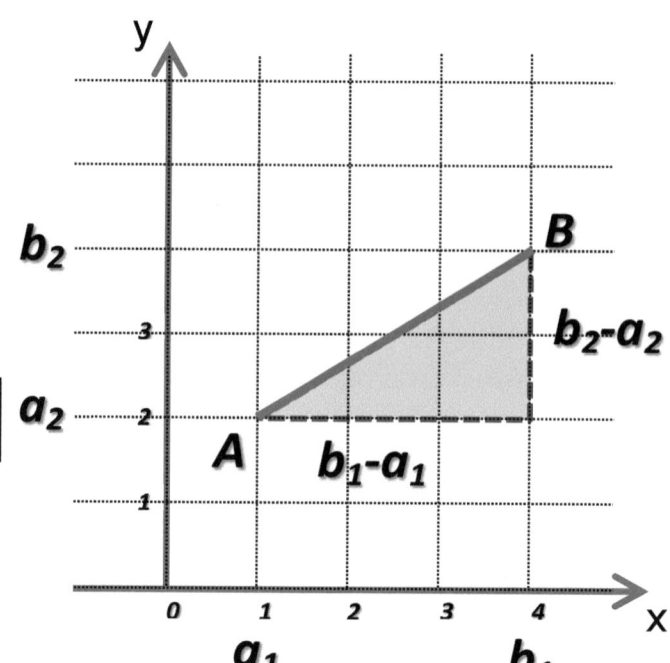

❷ 3-Dimensional

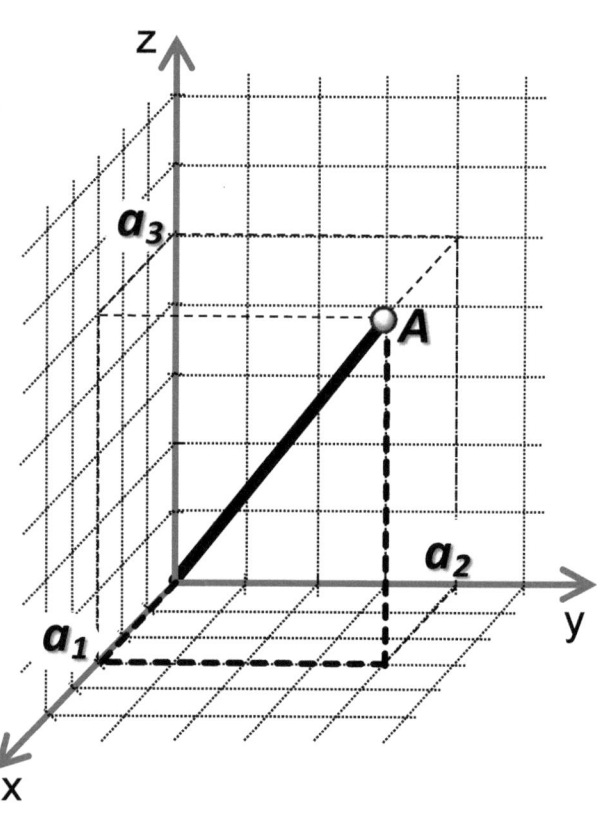

Abstandsformel:

Abstand vom Ursprung:

(Länge der eingezeichneten dicken Linie: Vom Ursprung der Koordinatensystems bis zum Punkt A)

$$A\left(a_1 \mid a_2 \mid a_3\right)$$

$$d(0;A) = \sqrt{a_1^{\,2} + a_2^{\,2} + a_3^{\,2}}$$

Abstand zweier Punkte A und B:

$$A\left(a_1 \mid a_2 \mid a_3\right)$$
$$B\left(b_1 \mid b_2 \mid b_3\right)$$

$$d(A;B) = \sqrt{\left(b_1 - a_1\right)^2 + \left(b_2 - a_2\right)^2 + \left(b_3 - a_3\right)^2}$$

Analytische Geometrie (2)

Vektoren

→ Wir erinnern uns: Strecken $\overline{AB}$

→ Jetzt betrachten wir „gerichtete Strecken" $\overrightarrow{AB} = \vec{a}$

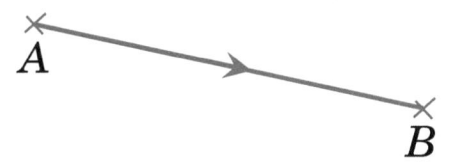

Beispiele:

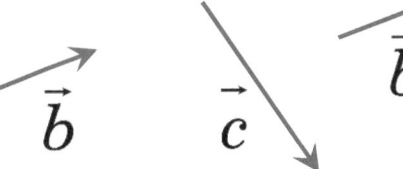

Darstellung im Koordinatensystem als Schrägbild:

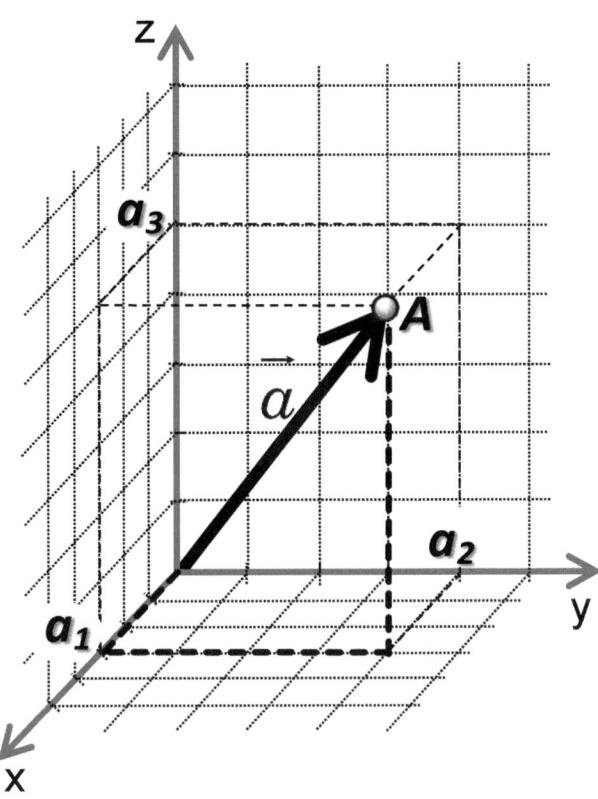

Spaltenvektoren:

$$\vec{a} = \begin{pmatrix} a_1 \\ a_2 \\ a_3 \end{pmatrix} = \begin{pmatrix} 3 \\ 4 \\ 5 \end{pmatrix}$$

(Ortsvektor des Punktes A)

Analytische Geometrie (3):   Beispiel - Körper

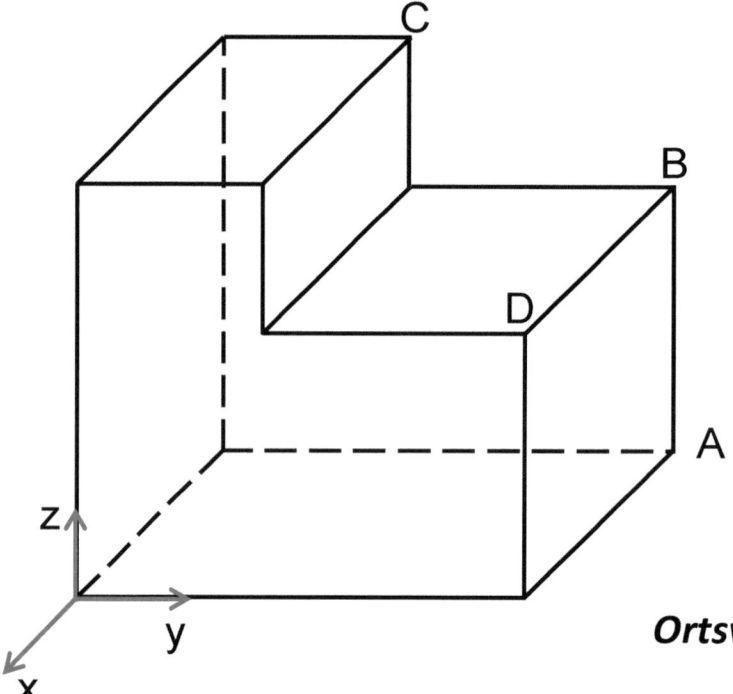

Koordinaten im Raum:

Ortsvektoren:

$A(-50 \mid 60 \mid 0)$

$$\boxed{d(0;A) = \sqrt{(-50)^2 + 60^2 + 0^2} \cong 78,1}$$

$C(-50 \mid 25 \mid 55)$

$$\vec{a} = \begin{pmatrix} a_1 \\ a_2 \\ a_3 \end{pmatrix} = \begin{pmatrix} -50 \\ 60 \\ 0 \end{pmatrix}$$

$$\vec{c} = \begin{pmatrix} c_1 \\ c_2 \\ c_3 \end{pmatrix} = \begin{pmatrix} -50 \\ 25 \\ 55 \end{pmatrix}$$

Der Vektor $\overrightarrow{AC}$:

$A(-50\,|\,60\,|\,0)$

$C(-50\,|\,25\,|\,55)$

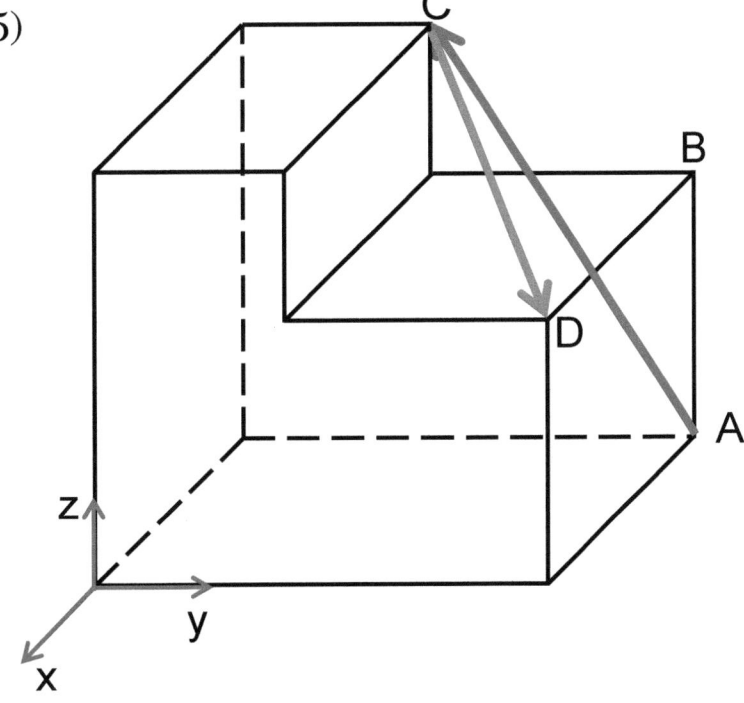

$$\boxed{\overrightarrow{AC} = \begin{pmatrix} c_1 - a_1 \\ c_2 - a_2 \\ c_3 - a_3 \end{pmatrix}} = \begin{pmatrix} -50 - (-50) \\ 25 - 60 \\ 55 - 0 \end{pmatrix} = \begin{pmatrix} 0 \\ -35 \\ 55 \end{pmatrix}$$

Betrag des Vektors: $d(A;C) = \sqrt{(0)^2 + (-35)^2 + 55^2} \cong 65,2$

Der Vektor $\overrightarrow{CD}$:

$D(0\,|\,60\,|\,35)$

$$\boxed{\overrightarrow{CD} = \begin{pmatrix} d_1 - c_1 \\ d_2 - c_2 \\ d_3 - c_3 \end{pmatrix}} = \begin{pmatrix} 0 - (-50) \\ 60 - 25 \\ 35 - 55 \end{pmatrix} = \begin{pmatrix} 50 \\ 35 \\ -20 \end{pmatrix}$$

Betrag: $d(C;D) = \sqrt{(50)^2 + (35)^2 + (-20)^2} \cong 64,23$

Zusammenfassung der Grundlagen

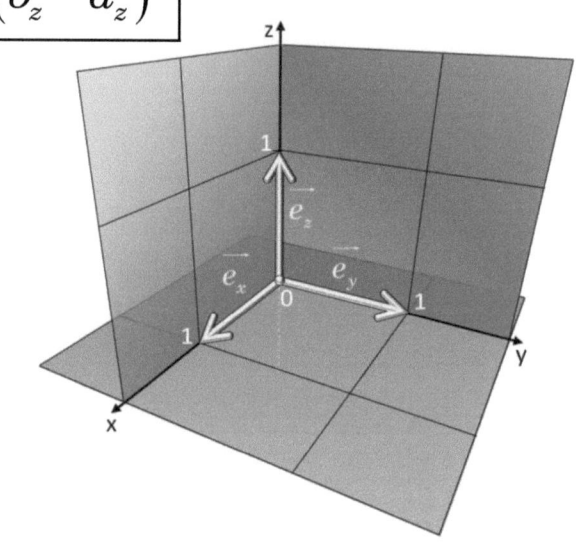

Punkte im Raum:

Darstellung: $A\left(a_x\,|\,a_y\,|\,a_z\right)$

Entfernung vom Ursprung:

$$d\left(0;A\right)=\sqrt{\left(a_x\right)^2+\left(a_y\right)^2+\left(a_z\right)^2}$$

Entfernung Punkt $\leftrightarrow$ Punkt:

$$d\left(A;B\right)=\sqrt{\left(b_x-a_x\right)^2+\left(b_y-a_y\right)^2+\left(b_z-a_z\right)^2}$$

Basisvektoren:

$$\vec{e_x}=\begin{pmatrix}1\\0\\0\end{pmatrix}\;;\;\vec{e_y}=\begin{pmatrix}0\\1\\0\end{pmatrix}\;;\;\vec{e_z}=\begin{pmatrix}0\\0\\1\end{pmatrix}$$

Ortsvektor zu A:

$$\overrightarrow{OA}=\vec{a}=\begin{pmatrix}a_x\\a_y\\a_z\end{pmatrix}$$

Vektor von A nach B:

$$\overrightarrow{AB}=\begin{pmatrix}b_x-a_x\\b_y-a_y\\b_z-a_z\end{pmatrix}$$

Betrag des Vektors $\overrightarrow{AB}$:

$$\left|\overrightarrow{AB}\right|=d\left(A;B\right)$$

Addition und Subtraktion von Vektoren:

$$\vec{p}\pm\vec{q}=\begin{pmatrix}p_x\\p_y\\p_z\end{pmatrix}\pm\begin{pmatrix}q_x\\q_y\\q_z\end{pmatrix}=\begin{pmatrix}p_x\pm q_x\\p_y\pm q_y\\p_z\pm q_z\end{pmatrix}=\vec{c}$$

Skalar-Multiplikation:

$$s \cdot \vec{a} = s \cdot \begin{pmatrix} a_x \\ a_y \\ a_z \end{pmatrix} = \begin{pmatrix} s \cdot a_x \\ s \cdot a_y \\ s \cdot a_z \end{pmatrix}$$

Wenn gilt:

$$\vec{b} = s \cdot \vec{a} \quad (s \in \mathbb{R})$$

heißen die Vektoren $\vec{a}$ und $\vec{b}$ linear abhängig.

Skalarprodukt:

(Koordinatenform)

$$\vec{a} \cdot \vec{b} = \begin{pmatrix} a_x \\ a_y \\ a_z \end{pmatrix} \cdot \begin{pmatrix} b_x \\ b_y \\ b_z \end{pmatrix} = a_x \cdot b_x + a_y \cdot b_y + a_z \cdot b_z$$

$$\vec{a} \cdot \vec{b} = |\vec{a}| \cdot |\vec{b}| \cdot \cos \alpha$$

$\alpha : Winkel\ zwischen\ \vec{a}\ und\ \vec{b}$

Für orthogonale Vektoren gilt: $\boxed{\vec{a} \cdot \vec{b} = 0 \quad \Leftrightarrow \quad \vec{a} \perp \vec{b}}$

Vektorprodukt *(Kreuzprodukt)*:

$$\vec{a} \times \vec{b} = \begin{pmatrix} a_x \\ a_y \\ a_z \end{pmatrix} \times \begin{pmatrix} b_x \\ b_y \\ b_z \end{pmatrix} = \begin{pmatrix} a_y b_z - a_z b_y \\ a_z b_x - a_x b_z \\ a_x b_y - a_y b_x \end{pmatrix}$$

Für $\vec{c} = \vec{a} \times \vec{b}$ gilt:

1) $\vec{c}$ ist orthogonal zu $\vec{a}$ und $\vec{b}$: $\vec{a} \perp \vec{c}$; $\vec{b} \perp \vec{c}$

2) Der Betrag vom Vektor $\vec{c}$ ist gleich den Flächeninhalt des von $\vec{a}$ und $\vec{b}$ aufgespannten Parallelogramms:

$$\boxed{|\vec{c}| = |\vec{a} \times \vec{b}| = |\vec{a}| \cdot |\vec{b}| \cdot \sin \alpha}$$

Übung: Vektoren addieren und subtrahieren

Addition und Subtraktion von Vektoren:

$$\vec{p} \pm \vec{q} = \begin{pmatrix} p_x \\ p_y \\ p_z \end{pmatrix} \pm \begin{pmatrix} q_x \\ q_y \\ q_z \end{pmatrix} = \begin{pmatrix} p_x \pm q_x \\ p_y \pm q_y \\ p_z \pm q_z \end{pmatrix} = \vec{c}$$

Beispiele:

Gegeben sind die Vektoren: $\vec{a} = \begin{pmatrix} 1 \\ 2 \\ 3 \end{pmatrix}$; $\vec{b} = \begin{pmatrix} -2 \\ 5 \\ 3 \end{pmatrix}$; $\vec{c} = \begin{pmatrix} 0 \\ 2 \\ -3 \end{pmatrix}$

Berechne:

1) $\vec{a} + \vec{b}$

2) $\vec{a} - \vec{b}$

3) $\vec{a} + \vec{b} + \vec{c}$

4) $\vec{c} - \vec{b} - \vec{a}$

Lösungen:

1) $\vec{a} + \vec{b} = \begin{pmatrix} 1 \\ 2 \\ 3 \end{pmatrix} + \begin{pmatrix} -2 \\ 5 \\ 3 \end{pmatrix} = \begin{pmatrix} -1 \\ 7 \\ 6 \end{pmatrix}$

2) $\vec{a} - \vec{b} = \begin{pmatrix} 1 \\ 2 \\ 3 \end{pmatrix} + \begin{pmatrix} -2 \\ 5 \\ 3 \end{pmatrix} = \begin{pmatrix} 3 \\ -3 \\ 0 \end{pmatrix}$

3) $\vec{a} + \vec{b} + \vec{c} = \begin{pmatrix} -1 \\ 9 \\ 3 \end{pmatrix}$

4) $\vec{c} - \vec{b} - \vec{a} = \begin{pmatrix} 0 - (-2) - 1 \\ 2 - 5 - 2 \\ -3 - 3 - 3 \end{pmatrix} = \begin{pmatrix} 1 \\ -5 \\ -9 \end{pmatrix}$

Analytische Geometrie: Skalarprodukt

Skalarprodukt:

(Koordinatenform)

$$\vec{a} \cdot \vec{b} = \begin{pmatrix} a_x \\ a_y \\ a_z \end{pmatrix} \cdot \begin{pmatrix} b_x \\ b_y \\ b_z \end{pmatrix} = a_x \cdot b_x + a_y \cdot b_y + a_z \cdot b_z$$

$$\boxed{\vec{a} \cdot \vec{b} = |\vec{a}| \cdot |\vec{b}| \cdot \cos\alpha}$$

$\alpha : Winkel\ zwischen\ \vec{a}\ und\ \vec{b}$

 Für orthogonale Vektoren gilt: $\boxed{\vec{a} \cdot \vec{b} = 0 \quad \Leftrightarrow \quad \vec{a} \perp \vec{b}}$

Beispiele:

❶ **Gib die Vektoren** $\vec{a}, \vec{b}$ **als Spaltenvektoren an. Berechne das Skalarprodukt in Koordinatenform, Beträge der Vektoren und den Winkel** α.

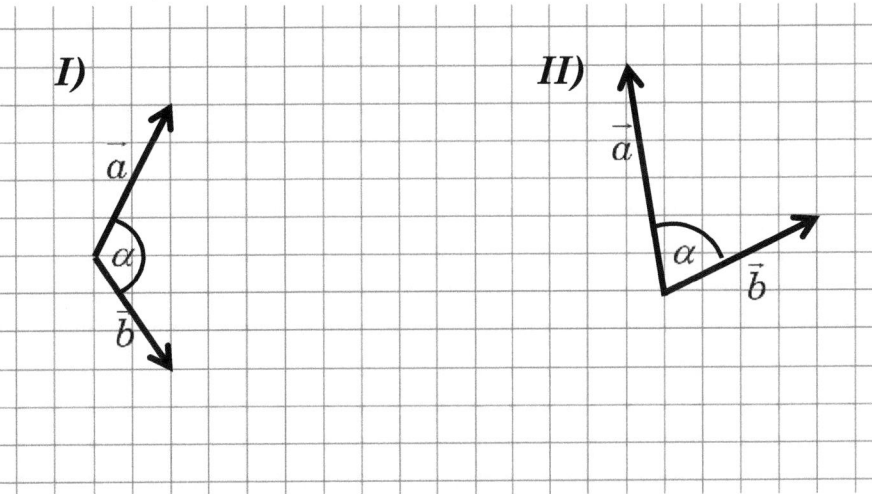

❷ **Gib die Vektoren** $\vec{a}, \vec{b}$ **als Spaltenvektoren an. Berechne das Skalarprodukt in Koordinatenform, Beträge der Vektoren und den Winkel** α.

$A(2|3|1)$ $\qquad \vec{a} = \overrightarrow{AB}$

$B(4|3|0)$ $\qquad \vec{b} = \overrightarrow{AC}$

$C(2|4|2)$

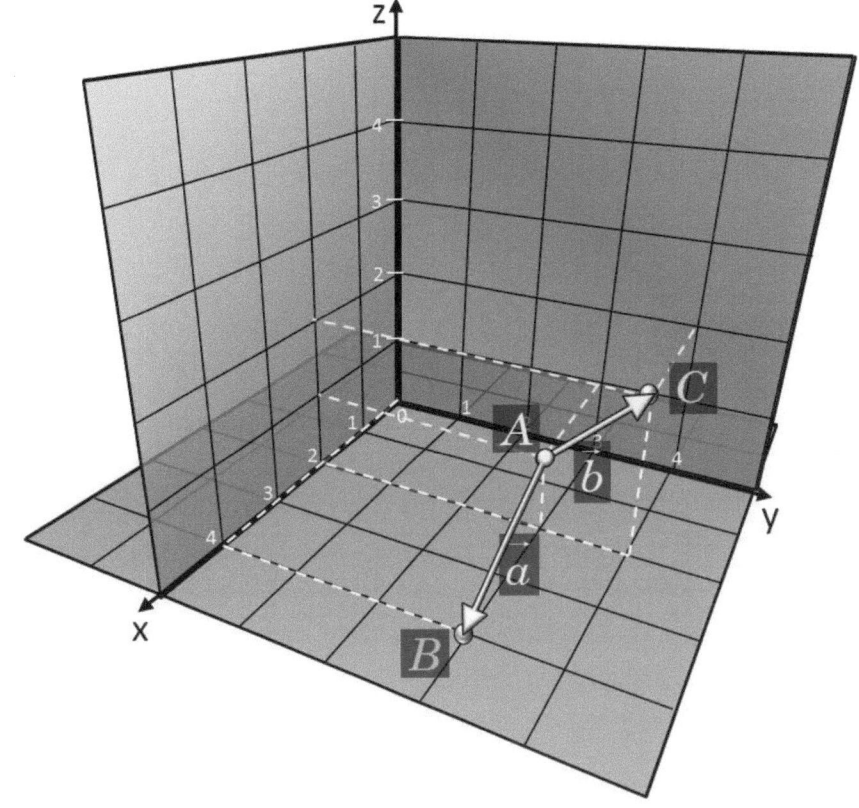

❶ Lösung:

I) $\vec{a} = \begin{pmatrix} 2 \\ 4 \end{pmatrix}$; $\vec{b} = \begin{pmatrix} 2 \\ -3 \end{pmatrix}$

$Beträge: |\vec{a}| = \sqrt{2^2 + 4^2} = \sqrt{20} \cong 4,47$; $|\vec{b}| = \sqrt{2^2 + (-3)^2} = \sqrt{13} \cong 3,61$

$\vec{a} \cdot \vec{b} = \begin{pmatrix} 2 \\ 4 \end{pmatrix} \cdot \begin{pmatrix} 2 \\ -3 \end{pmatrix} = 2 \cdot 2 + 4 \cdot (-3) = \underline{\underline{-8}}$

$\vec{a} \cdot \vec{b} = |\vec{a}| \cdot |\vec{b}| \cdot \cos\alpha \Rightarrow \cos\alpha = \dfrac{\vec{a} \cdot \vec{b}}{|\vec{a}| \cdot |\vec{b}|} = \dfrac{-8}{\sqrt{20} \cdot \sqrt{13}} \Rightarrow \underline{\underline{\alpha = 119,74°}}$

II) $Beträge: |\vec{a}| = \sqrt{37} \cong 6,08$; $|\vec{b}| = \sqrt{20} \cong 4,47$ $\vec{a} \cdot \vec{b} = \underline{\underline{8}}$ $\underline{\underline{\alpha = 72,9°}}$

❷ Lösung:

$\vec{a} = \begin{pmatrix} 2 \\ 0 \\ -1 \end{pmatrix}$; $\vec{b} = \begin{pmatrix} 0 \\ 1 \\ 1 \end{pmatrix}$

$\vec{a} \cdot \vec{b} = \begin{pmatrix} 2 \\ 0 \\ -1 \end{pmatrix} \cdot \begin{pmatrix} 0 \\ 1 \\ 1 \end{pmatrix} = 2 \cdot 0 + 0 \cdot 1 + (-1) \cdot 1 = \underline{\underline{-1}}$

$Beträge:$

$|\vec{a}| = \sqrt{2^2 + 0^2 + (-1)^2} = \sqrt{5} \cong 2,236$; $|\vec{b}| = \sqrt{0^2 + 1^2 + 1^2} = \sqrt{2} \cong 1,414$

$\vec{a} \cdot \vec{b} = |\vec{a}| \cdot |\vec{b}| \cdot \cos\alpha \Rightarrow \cos\alpha = \dfrac{\vec{a} \cdot \vec{b}}{|\vec{a}| \cdot |\vec{b}|} = \dfrac{-1}{\sqrt{5} \cdot \sqrt{2}} \Rightarrow \underline{\underline{\alpha = 108,43°}}$

Analytische Geometrie: Vektorprodukt

Vektorprodukt (Kreuzprodukt):

$$\vec{a} \times \vec{b} = \begin{pmatrix} a_x \\ a_y \\ a_z \end{pmatrix} \times \begin{pmatrix} b_x \\ b_y \\ b_z \end{pmatrix} = \begin{pmatrix} a_y b_z - a_z b_y \\ a_z b_x - a_x b_z \\ a_x b_y - a_y b_x \end{pmatrix}$$

Für $\vec{c} = \vec{a} \times \vec{b}$ gilt:

   1) $\vec{c}$ **ist orthogonal zu** $\vec{a}$ **und** $\vec{b}$: $\vec{a} \perp \vec{c}$; $\vec{b} \perp \vec{c}$

   2) Der Betrag vom Vektor $\vec{c}$ **ist gleich dem Flächeninhalt**
   des von $\vec{a}$ **und** $\vec{b}$ **aufgespannten Parallelogramms:**

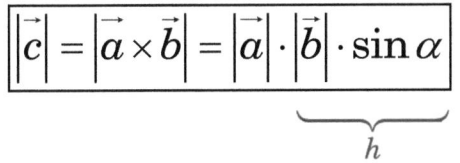

$$\left| \vec{c} \right| = \left| \vec{a} \times \vec{b} \right| = \left| \vec{a} \right| \cdot \underbrace{\left| \vec{b} \right| \cdot \sin \alpha}_{h}$$

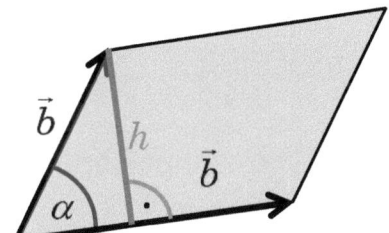

Beispiel:

Geg.: $\vec{a} = \begin{pmatrix} -4 \\ 0 \\ 1 \end{pmatrix}$; $\vec{b} = \begin{pmatrix} -1 \\ 3 \\ 2 \end{pmatrix}$

❶ **Berechne das Kreuzprodukt der Vektoren** $\vec{a}$ **und** $\vec{b} \rightarrow \vec{c} = \vec{a} \times \vec{b}$.
   Bestätige anschließend durch eine Probe, dass die Vektoren $\vec{a}$ **und**
   $\vec{b}$ **orthogonal zum Vektor** $\vec{c}$ **sind.**

❷ **Berechne das Kreuzprodukt** $\vec{d} = \vec{b} \times \vec{a}$. **Was stellst du fest?**

❸ **Berechne den Flächeninhalt des von den Vektoren** $\vec{a}$ **und** $\vec{b}$
   aufgespannten Parallelogramms.

$$\vec{a} = \begin{pmatrix} -4 \\ 0 \\ 1 \end{pmatrix} \quad ; \quad \vec{b} = \begin{pmatrix} -1 \\ 3 \\ 2 \end{pmatrix}$$

❶ Lösung:

$$\vec{c} = \vec{a} \times \vec{b} = \begin{pmatrix} -4 \\ 0 \\ 1 \end{pmatrix} \times \begin{pmatrix} -1 \\ 3 \\ 2 \end{pmatrix} = \begin{pmatrix} 0 \cdot 2 - 1 \cdot 3 \\ 1 \cdot (-1) - (-4) \cdot 2 \\ (-4) \cdot 3 - 0 \cdot (-1) \end{pmatrix} = \begin{pmatrix} -3 \\ 7 \\ -12 \end{pmatrix}$$

Probe:

$$\vec{a} \cdot \vec{c} = \begin{pmatrix} -4 \\ 0 \\ 1 \end{pmatrix} \cdot \begin{pmatrix} -3 \\ 7 \\ -12 \end{pmatrix} = (-4) \cdot (-3) + 0 \cdot 7 + 1 \cdot (-12) = 0 \quad \Rightarrow \vec{a} \perp \vec{c}$$

$$\vec{b} \cdot \vec{c} = 0 \quad \Rightarrow \vec{b} \perp \vec{c}$$

❷ Lösung:

$$\vec{d} = \vec{b} \times \vec{a} = \begin{pmatrix} -1 \\ 3 \\ 2 \end{pmatrix} \times \begin{pmatrix} -4 \\ 0 \\ 1 \end{pmatrix} = \begin{pmatrix} 3 \cdot 1 - 2 \cdot 0 \\ 2 \cdot (-4) - (-1) \cdot 1 \\ (-1) \cdot 0 - 3 \cdot (-4) \end{pmatrix} = \begin{pmatrix} 3 \\ -7 \\ 12 \end{pmatrix}$$

Deutung: Der Vektor $\vec{d}$ zeigt in entgegengesetzte Richtung zu $\vec{c}$.

❸ Lösung:

$$\vec{a} \times \vec{b} = \begin{pmatrix} -3 \\ 7 \\ -12 \end{pmatrix}$$

$$\rightarrow \left| \vec{a} \times \vec{b} \right| = \sqrt{(-3)^2 + 7^2 + (-12)^2} \cong 14{,}21$$

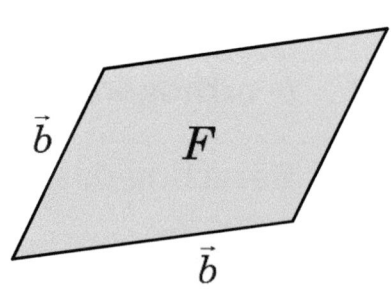

Aufgaben: Vektoren

Gegeben sind in einem kartesischen Koordinatensystem die Punkte:

$$A\big(4|1|0\big) \; ; \; B\big(3|4|0\big) \; ; \; C\big(2|2|3\big)$$

a) Bestimme den Punkt D so, dass $ABCD$ ein Parallelogramm ist.

b) Bestimme den Innenwinkel α des Dreiecks ABC.

c) Zeige, dass der Vektor $\overrightarrow{BD}$ durch die Vektoren $\overrightarrow{BA}$ und $\overrightarrow{AC}$ dargestellt werden kann.

d) Bestimme die Koordinaten des Diagonalenschnittpunkts E.

e) Prüfe, ob die Vektoren $\overrightarrow{EC}$ und $\overrightarrow{ED}$ orthogonal sind.

f) Bestimme die Länge der beiden Flächendiagonalen.

g) Bestimme den Flächeninhalt des Dreiecks ABC.

Lösungen:

a) $D\big(3|-1|3\big)$

b) $\alpha = 65°$

c) Ansatz: $\begin{pmatrix} 0 \\ -5 \\ 3 \end{pmatrix} = r \cdot \begin{pmatrix} 1 \\ -3 \\ 0 \end{pmatrix} + s \cdot \begin{pmatrix} -2 \\ 1 \\ 3 \end{pmatrix}$ → *Das GLS ist lösbar!*

d) $\overrightarrow{OE} = \overrightarrow{OA} + \tfrac{1}{2}\overrightarrow{AC}$ → $E\big(3|1{,}5|1{,}5\big)$

e) $\overrightarrow{EC} \cdot \overrightarrow{ED} \neq 0$ → *nicht orthogonal!*

f) $\left|\overrightarrow{AC}\right| = \sqrt{14}$; $\left|\overrightarrow{BD}\right| = \sqrt{34}$

g) $F_{\triangle} = \dfrac{1}{2} \cdot \left|\overrightarrow{BA} \times \overrightarrow{BC}\right| \cong 5{,}36\,FE$

Aufgabe: Vektoren (2)

Gegeben sind in einem kartesischen Koordinatensystem die Punkte:

$$A\left(1|0|0\right) ; B\left(4|1|0\right) ; C\left(3|4|0\right) ; D\left(0|3|0\right) ; E\left(2|2|3\right)$$

a) Zeige, dass das Viereck $ABCD$ ein Quadrat ist.

b) Zeige, dass das Dreieck ABE ein gleichschenkliges Dreieck ist.

c) Welche Bedingungen müssen erfüllt sein, dass $ABCDE$ eine quadratische Pyramide ist?

d) Bestimme die Koordinaten des Fußpunktes G der Pyramidenhöhe.

e) Bestimme den Punkt F so, dass $BCEF$ ein Parallelogramm bilden.

f) Berechne den Winkel an der Spitze der Pyramidenseite AEB.

Lösungen:

a) $\left|\overrightarrow{AB}\right| = \left|\overrightarrow{BC}\right| = \left|\overrightarrow{CD}\right| = \sqrt{10}$; $\overrightarrow{AB} \cdot \overrightarrow{BC} = \overrightarrow{BC} \cdot \overrightarrow{CD} = \overrightarrow{CD} \cdot \overrightarrow{CA} = \overrightarrow{AB} \cdot \overrightarrow{DA} = 0$

b) $\left|\overrightarrow{AE}\right| = \left|\overrightarrow{BE}\right| = \sqrt{14}$

c) ABCD muss ein Quadrat sein (vgl. Aufg. a) und E muss zu den Eckpunkten den gleichen Abstand haben.

d) $\left|\overrightarrow{OG}\right| = \overrightarrow{OA} + \tfrac{1}{2}\overrightarrow{AB} + \tfrac{1}{2}\overrightarrow{BC}$ → $G\left(2|2|0\right)$

e) $F\left(3|-1|3\right)$

f) $\overrightarrow{EA} \cdot \overrightarrow{EB} = \left|\overrightarrow{EA}\right| \cdot \left|\overrightarrow{EB}\right| \cdot \cos\gamma$ → $\sphericalangle AEB \cong 50°$

Analytische Geometrie: Geraden im Raum

Geradengleichung im Raum:

$$g : \vec{x} = \vec{a} + r \cdot \vec{m} = \begin{pmatrix} a_x \\ a_y \\ a_z \end{pmatrix} + r \cdot \begin{pmatrix} m_x \\ m_y \\ m_z \end{pmatrix} \quad (r \in \mathbb{R})$$

(Parametergleichung einer Geraden)

Es gilt:

1) $\vec{a}$ heißt Stützvektor
2) $\vec{m}$ heißt Richtungsvektor

Zweipunktgleichung: $\boxed{g : \vec{x} = \vec{a} + r \cdot \left(\vec{b} - \vec{a} \right)} \quad (r \in \mathbb{R})$

Beispielaufgaben:

Geg.: $A(1|2|3)$; $B(2|3|2)$; $C(3|4|1)$; $\vec{d} = \begin{pmatrix} 2 \\ 0 \\ 1 \end{pmatrix}$; $\vec{e} = \begin{pmatrix} 1 \\ 2 \\ 2 \end{pmatrix}$

❶ Die Gerade g verläuft durch die Punkte A und B. Gib die Parameterform dieser Geraden mit dem Ortsvektor von A als Stützvektor an.

❷ Gib die Koordinaten von zwei weiteren Punkten K und L auf der Geraden an.

❸ Prüfe, ob der Punkt C auf der Geraden g liegt.

❹ Zeige, dass der Punkt C nicht auf der Geraden h liegt:

$\boxed{h : \vec{x} = \vec{d} + r \cdot \vec{e}} \quad (r \in \mathbb{R})$

❶ Lösung: $A(1|2|3)$; $B(2|3|2)$

Zweipunktgleichung: $\boxed{g : \vec{x} = \vec{a} + r \cdot (\vec{b} - \vec{a})}$ $(r \in \mathbb{R})$

$A(1|2|3) \Rightarrow \vec{a} = \begin{pmatrix} 1 \\ 2 \\ 3 \end{pmatrix}$; $(\vec{b} - \vec{a}) \Rightarrow \left[\begin{pmatrix} 2 \\ 3 \\ 2 \end{pmatrix} - \begin{pmatrix} 1 \\ 2 \\ 3 \end{pmatrix} \right] = \begin{pmatrix} 1 \\ 1 \\ -1 \end{pmatrix}$

$\boxed{g : \vec{x} = \begin{pmatrix} 1 \\ 2 \\ 3 \end{pmatrix} + r \cdot \begin{pmatrix} 1 \\ 1 \\ -1 \end{pmatrix}}$ $(r \in \mathbb{R})$

❷ Lösung: Wähle beliebig r $\rightarrow r_1 = 2$; $r_2 = 3$

$\vec{k} = \begin{pmatrix} 1 \\ 2 \\ 3 \end{pmatrix} + 2 \cdot \begin{pmatrix} 1 \\ 1 \\ -1 \end{pmatrix} = \begin{pmatrix} 3 \\ 4 \\ 1 \end{pmatrix}$; $\vec{l} = \begin{pmatrix} 1 \\ 2 \\ 3 \end{pmatrix} + 3 \cdot \begin{pmatrix} 1 \\ 1 \\ -1 \end{pmatrix} = \begin{pmatrix} 4 \\ 5 \\ 0 \end{pmatrix}$ $\Bigg|$ $\begin{array}{l} K(3|4|1) \\ \\ L(4|5|0) \end{array}$

❸ Lösung: Ansatz

$\begin{pmatrix} 3 \\ 4 \\ 1 \end{pmatrix} = \begin{pmatrix} 1 \\ 2 \\ 3 \end{pmatrix} + r \cdot \begin{pmatrix} 1 \\ 1 \\ -1 \end{pmatrix}$ $\Rightarrow$ $\begin{array}{lll} I) & 3 = 1 + r \cdot 1 & \rightarrow r = 2 \\ II) & 4 = 2 + r \cdot 1 & \rightarrow r = 2 \\ III) & 1 = 3 + r \cdot (-1) & \rightarrow r = 2 \end{array}$

→ r=2 löst das Gleichungssystem. Der Punkt C liegt auf g!

❹ Lösung: Ansatz

$\begin{pmatrix} 3 \\ 4 \\ 1 \end{pmatrix} = \begin{pmatrix} 2 \\ 0 \\ 1 \end{pmatrix} + r \cdot \begin{pmatrix} 1 \\ 2 \\ 2 \end{pmatrix}$ $\Rightarrow$ $\begin{array}{lll} I) & 3 = 2 + r \cdot 1 & \rightarrow r = 1 \\ II) & 4 = 0 + r \cdot 2 & \rightarrow r = 2 \\ III) & 1 = 1 + r \cdot 2 & \rightarrow r = 0 \end{array}$

→ Das Gleichungssystem hat keine Lösung! Der Punkt C liegt nicht auf g!

Analytische Geometrie:

Lagebeziehung: Punkt-Gerade

Unterscheide zwei Möglichkeiten:

1) Punkt liegt auf der Geraden

2) Punkt liegt nicht auf der Geraden

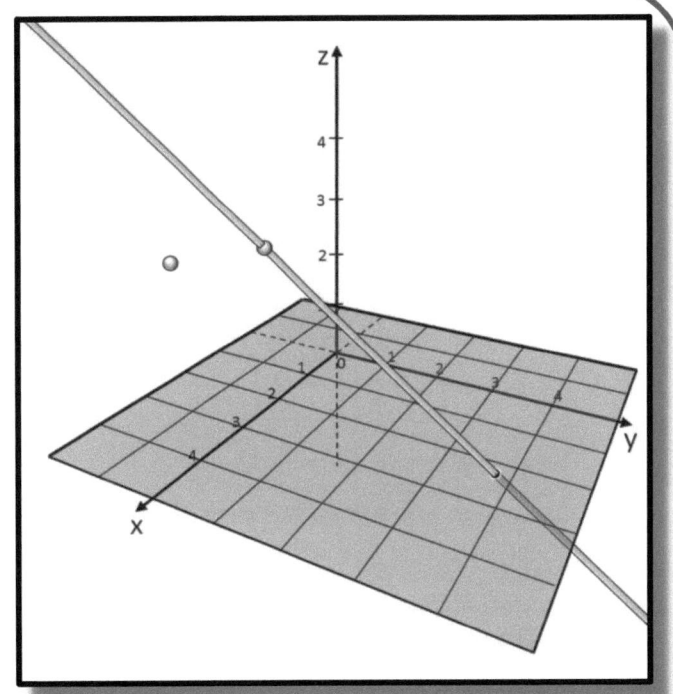

Gegeben ist die Gerade: $g : \vec{x} = \begin{pmatrix} 4 \\ 1 \\ 0 \end{pmatrix} + r \cdot \begin{pmatrix} -2 \\ 2 \\ 1 \end{pmatrix}$

Punkte: $A(2|-3|1)$; $B(0|5|2)$

1) Untersuchung der Geraden *g* und *Punkt A*:

Einsetzen der Koordinaten von A in den allg. Ortsvektor $\vec{x}$ von g:

Ansatz:

$$\begin{pmatrix} 2 \\ -3 \\ 1 \end{pmatrix} = \begin{pmatrix} 4 \\ 1 \\ 0 \end{pmatrix} + r \cdot \begin{pmatrix} -2 \\ 2 \\ 1 \end{pmatrix} \Rightarrow \begin{array}{ll} I) & 2 = 4 + (-2) \cdot r \\ II) & -3 = 1 + 2 \cdot r \\ III) & 1 = 0 + 1 \cdot r \end{array}$$

Lösung des GLS:
$$\left. \begin{array}{lll} I) & 2 = 4 + (-2) \cdot r & \rightarrow \ r = 1 \\ II) & -3 = 1 + 2 \cdot r & \rightarrow \ r = -2 \\ III) & 1 = 0 + 1 \cdot r & \rightarrow \ r = 1 \end{array} \right\} \ \text{Widerspruch!}$$

Das GLS hat keine Lösung → Der Punkt liegt nicht auf der Geraden!

2) Untersuchung der Geraden *g* und *Punkt B*:

Einsetzen der Koordinaten von B in den allg. Ortsvektor $\vec{x}$ von g:

Ansatz:

$$\begin{pmatrix} 0 \\ 5 \\ 2 \end{pmatrix} = \begin{pmatrix} 4 \\ 1 \\ 0 \end{pmatrix} + r \cdot \begin{pmatrix} -2 \\ 2 \\ 1 \end{pmatrix} \Rightarrow \left. \begin{array}{lll} I) & 0 = 4 + (-2) \cdot r & \rightarrow \ r = 2 \\ II) & 5 = 1 + 2 \cdot r & \rightarrow \ r = 2 \\ III) & 2 = 0 + 1 \cdot r & \rightarrow \ r = 2 \end{array} \right\} \ \boxed{r = 2}$$

Das GLS hat eine Lösung → Der Punkt liegt auf der Geraden!

Probe: r einsetzen in $g \rightarrow \vec{x} = \begin{pmatrix} 4 \\ 1 \\ 0 \end{pmatrix} + 2 \cdot \begin{pmatrix} -2 \\ 2 \\ 1 \end{pmatrix} = \begin{pmatrix} 0 \\ 5 \\ 2 \end{pmatrix} \ (\checkmark)$

Analytische Geometrie: Lagebeziehung Punkt-Gerade

Aufgaben:

1) Gegeben ist die Gerade g_1. Berechne die Punkte der Geraden, die zu den folgenden Parametern gehören: r =0; r=1; r=-2; r=100

$$g_1 : \vec{x} = \begin{pmatrix} 3 \\ 2 \\ 1 \end{pmatrix} + r \begin{pmatrix} 1 \\ -2 \\ 0 \end{pmatrix}$$

2) Wie lautet die Gleichung derjenigen Geraden durch $A(1|0|-1)$, die parallel zur Geraden g_1 aus Aufgabe 1 verläuft?

3) Gegeben ist die Gerade $g_2 : \vec{x} = \begin{pmatrix} 3 \\ 2 \\ -1 \end{pmatrix} + s \begin{pmatrix} -1 \\ 3 \\ -2 \end{pmatrix}$

   a) Gib drei verschiedene Punkte an, die auf g_2 liegen.
   b) Gib drei verschiedene Gleichungen für g_2 an. Welche
      Veränderungen kann man vornehmen?

4) Die Gerade g_3 verläuft parallel zum Vektor $\vec{b} = \begin{pmatrix} 2 \\ -4 \\ -3 \end{pmatrix}$ durch den

   Punkt $P(0|4|3)$. Prüfe, ob die folgenden Punkte auf g_3 liegen:

$B(2|0|0);\ \ C\left(1|2|\tfrac{3}{2}\right);\ \ D(2|5|-4);\ \ E(60|-116|-87)$

1) Gegeben ist die Gerade g_1. Berechne die Punkte der Geraden, die zu den folgenden Parametern gehören: r =0; r=1; r=-2; r=100

$$g_1 : \vec{x} = \begin{pmatrix} 3 \\ 2 \\ 1 \end{pmatrix} + r \begin{pmatrix} 1 \\ -2 \\ 0 \end{pmatrix}$$

$$\vec{x_1} = \begin{pmatrix} 3 \\ 2 \\ 1 \end{pmatrix} + 0 \cdot \begin{pmatrix} 1 \\ -2 \\ 0 \end{pmatrix} = \begin{pmatrix} 3 \\ 2 \\ 1 \end{pmatrix} \qquad\qquad \vec{x_2} = \begin{pmatrix} 3 \\ 2 \\ 1 \end{pmatrix} + 1 \cdot \begin{pmatrix} 1 \\ -2 \\ 0 \end{pmatrix} = \begin{pmatrix} 4 \\ 0 \\ 1 \end{pmatrix}$$

$$\vec{x_3} = \begin{pmatrix} 3 \\ 2 \\ 1 \end{pmatrix} + (-2) \cdot \begin{pmatrix} 1 \\ -2 \\ 0 \end{pmatrix} = \begin{pmatrix} 1 \\ 6 \\ 1 \end{pmatrix} \qquad\qquad \vec{x_4} = \begin{pmatrix} 3 \\ 2 \\ 1 \end{pmatrix} + 100 \cdot \begin{pmatrix} 1 \\ -2 \\ 0 \end{pmatrix} = \begin{pmatrix} 103 \\ 198 \\ 1 \end{pmatrix}$$

2) Wie lautet die Gleichung derjenigen Geraden durch $A(1|0|-1)$, die parallel zur Geraden g aus Aufgabe 1 verläuft?

Verwende den Ortsvektor von A als Stützvektor (Richtungsvektor bleibt):

$$g_1 : \vec{x} = \begin{pmatrix} 1 \\ 0 \\ -1 \end{pmatrix} + r \begin{pmatrix} 1 \\ -2 \\ 0 \end{pmatrix}$$

3) Gegeben ist die Gerade $g_2 : \vec{x} = \begin{pmatrix} 3 \\ 2 \\ -1 \end{pmatrix} + s \begin{pmatrix} -1 \\ 3 \\ -2 \end{pmatrix}$

   a) Gib drei verschiedene Punkte an, die auf g_2 liegen.

Wähle: $r_1=0$; $r_2=1$; $r_3=2$

$$\vec{x_1} = \begin{pmatrix} 3 \\ 2 \\ -1 \end{pmatrix} + 0 \begin{pmatrix} -1 \\ 3 \\ -2 \end{pmatrix} = \begin{pmatrix} 3 \\ 2 \\ -1 \end{pmatrix} \quad \vec{x_2} = \begin{pmatrix} 3 \\ 2 \\ -1 \end{pmatrix} + 1 \begin{pmatrix} -1 \\ 3 \\ -2 \end{pmatrix} = \begin{pmatrix} 2 \\ 5 \\ -3 \end{pmatrix} \quad \vec{x_3} = \begin{pmatrix} 3 \\ 2 \\ -1 \end{pmatrix} + 2 \begin{pmatrix} -1 \\ 3 \\ -2 \end{pmatrix} = \begin{pmatrix} 1 \\ 8 \\ -5 \end{pmatrix}$$

$$P_1(3|2|-1) \; ; \; P_2(2|5|-3) \; ; \; P_3(1|8|-5)$$

b) Gib drei verschiedene Gleichungen für g_2 an. Welche Veränderungen kann man vornehmen?

Mögliche Änderungen:

➢ anderer Stützvektor

$$g_2 : \vec{x} = \begin{pmatrix} 2 \\ 5 \\ -3 \end{pmatrix} + s \begin{pmatrix} -1 \\ 3 \\ -2 \end{pmatrix} \qquad g_2 : \vec{x} = \begin{pmatrix} 1 \\ 8 \\ -5 \end{pmatrix} + s \begin{pmatrix} -1 \\ 3 \\ -2 \end{pmatrix}$$

➢ anderer Richtungsvektor (Länge oder Richtungsumkehr)
   Länge: Wähle doppelte Länge

$$g_2 : \vec{x} = \begin{pmatrix} 3 \\ 2 \\ -1 \end{pmatrix} + s \cdot 2 \cdot \begin{pmatrix} -1 \\ 3 \\ -2 \end{pmatrix} \quad \Rightarrow \quad g_2 : \vec{x} = \begin{pmatrix} 3 \\ 2 \\ -1 \end{pmatrix} + s \begin{pmatrix} -2 \\ 6 \\ -4 \end{pmatrix}$$

Richtungsumkehr: Wähle gleiche Länge

$$g_2 : \vec{x} = \begin{pmatrix} 3 \\ 2 \\ -1 \end{pmatrix} + s \cdot (-1) \cdot \begin{pmatrix} -1 \\ 3 \\ -2 \end{pmatrix} \quad \Rightarrow \quad g_2 : \vec{x} = \begin{pmatrix} 3 \\ 2 \\ -1 \end{pmatrix} + s \begin{pmatrix} 1 \\ -3 \\ 2 \end{pmatrix}$$

4) Die Gerade g_3 verläuft parallel zum Vektor $\vec{b} = \begin{pmatrix} 2 \\ -4 \\ -3 \end{pmatrix}$ durch den

Punkt $P(0|4|3)$. Prüfe, ob die folgenden Punkte auf g_3 liegen:

$$B(2|0|0); \quad C\left(1|2|\tfrac{3}{2}\right); \quad D(2|5|-4); \quad E(60|-116|-87)$$

Geradengleichung: $\quad g_3 : \vec{x} = \begin{pmatrix} 0 \\ 4 \\ 3 \end{pmatrix} + s \begin{pmatrix} 2 \\ -4 \\ -3 \end{pmatrix}$

Punktprobe:

Punkt B $\quad \begin{pmatrix} 2 \\ 0 \\ 0 \end{pmatrix} = \begin{pmatrix} 0 \\ 4 \\ 3 \end{pmatrix} + s \begin{pmatrix} 2 \\ -4 \\ -3 \end{pmatrix} \Rightarrow$
$\quad$ I) $1 = 0 + 2s \Rightarrow s = 1$
$\quad$ II) $0 = 4 - 4s \Rightarrow s = 1$ **(w)**
$\quad$ III) $0 = 3 - 3s \Rightarrow s = 1$

→ B liegt auf g_3.

Punkt C $\quad \begin{pmatrix} 1 \\ 2 \\ \frac{3}{2} \end{pmatrix} = \begin{pmatrix} 0 \\ 4 \\ 3 \end{pmatrix} + s \begin{pmatrix} 2 \\ -4 \\ -3 \end{pmatrix} \Rightarrow$
$\quad$ I) $1 = 0 + 2s \Rightarrow s = 0{,}5$
$\quad$ II) $2 = 4 - 4s \Rightarrow s = 0{,}5$ **(w)**
$\quad$ III) $1{,}5 = 3 - 3s \Rightarrow s = 0{,}5$

→ C liegt auf g_3.

Punkt D $\quad \begin{pmatrix} 2 \\ 5 \\ -4 \end{pmatrix} = \begin{pmatrix} 0 \\ 4 \\ 3 \end{pmatrix} + s \begin{pmatrix} 2 \\ -4 \\ -3 \end{pmatrix} \Rightarrow$
$\quad$ I) $2 = 0 + 2s \Rightarrow s = 1$
$\quad$ II) $5 = 4 - 4s \Rightarrow s = \frac{1}{4}$ **(f)**
$\quad$ III) $-4 = 3 - 3s \Rightarrow s = \frac{7}{3}$

→ C liegt **<u>nicht</u>** auf g_3.

Punkt E $\quad \begin{pmatrix} 60 \\ -116 \\ -87 \end{pmatrix} = \begin{pmatrix} 0 \\ 4 \\ 3 \end{pmatrix} + s \begin{pmatrix} 2 \\ -4 \\ -3 \end{pmatrix} \Rightarrow$
$\quad$ I) $60 = 0 + 2s \Rightarrow s = 30$
$\quad$ II) $-116 = 4 - 4s \Rightarrow s = 30$ **(w)**
$\quad$ III) $-87 = 3 - 3s \Rightarrow s = 30$

→ D liegt auf g_3.

Analytische Geometrie:

Lagebeziehung Gerade-Gerade

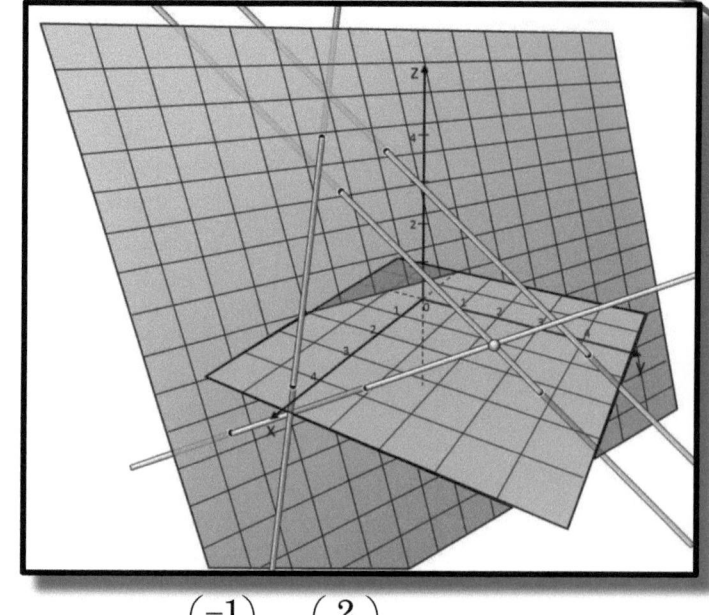

Unterscheide drei Möglichkeiten:

1) Paralleler/identischer Verlauf

2) Schneidender Verlauf

3) Windschiefer Verlauf

Gegeben sind die Geraden g, h, k:

$$g:\vec{x}=\begin{pmatrix}4\\1\\0\end{pmatrix}+r\cdot\begin{pmatrix}-2\\2\\1\end{pmatrix} \qquad h:\vec{x}=\begin{pmatrix}1\\4\\0\end{pmatrix}+s\cdot\begin{pmatrix}1\\-1\\1\end{pmatrix} \qquad k:\vec{x}=\begin{pmatrix}-1\\3\\1\end{pmatrix}+t\cdot\begin{pmatrix}2\\-2\\2\end{pmatrix}$$

❶ Untersuchung der Geraden *g* und *h*:

1) Parallelität: Sind die Richtungsvektoren linear abhängig?

Richtungsvektoren: $\qquad g:\begin{pmatrix}-2\\2\\1\end{pmatrix} \quad h:\begin{pmatrix}1\\-1\\1\end{pmatrix}$

Ansatz: $a\cdot\begin{pmatrix}-2\\2\\1\end{pmatrix}=\begin{pmatrix}1\\-1\\1\end{pmatrix} \quad\Rightarrow\quad \begin{array}{l} a\cdot(-2)=1 \\ a\cdot 2=-1 \\ a\cdot 1=1 \end{array} \quad \begin{array}{l} \Rightarrow\ a=-0,5 \\ \Rightarrow\ a=-0,5 \\ \Rightarrow\ a=1 \end{array}$ (Widerspruch!)

→ Die Geraden verlaufen <u>nicht parallel</u>!!

2) Untersuchung auf möglichen Schnittpunkt:

Gleichsetzen der Geradengleichungen → Ansatz:

$$\begin{pmatrix}4\\1\\0\end{pmatrix}+r\cdot\begin{pmatrix}-2\\2\\1\end{pmatrix}=\begin{pmatrix}1\\4\\0\end{pmatrix}+s\cdot\begin{pmatrix}1\\-1\\1\end{pmatrix} \quad\Rightarrow\quad \begin{array}{ll} I) & 4+(-2)\cdot r=1+1\cdot s \\ II) & 1+2\cdot r=4+(-1)\cdot s \\ III) & 0+1\cdot r=0+1\cdot s \end{array}$$

Lösung des GLS:

$\begin{array}{ll} I) & 4+(-2)\cdot r=1+1\cdot s \\ II) & 1+2\cdot r=4+(-1)\cdot s \\ III) & 0+1\cdot r=0+1\cdot s \end{array} \quad \begin{array}{l} \Rightarrow s=3-2\cdot r \quad\rightarrow\text{in }II)\ III) \\ \\ \end{array} \quad \begin{array}{l} 1=1 \\ r=1; s=1 \end{array} \quad \Rightarrow \boxed{\begin{array}{l}r=1\\s=1\end{array}}$

Das GLS hat **eine Lösung** → Es existiert **ein Schnittpunkt**!

Berechnung des Schnittpunkts S: Lösung des GLS einsetzen!

Wähle Gerade *g* (r=1) → $\vec{s}=\begin{pmatrix}4\\1\\0\end{pmatrix}+1\cdot\begin{pmatrix}-2\\2\\1\end{pmatrix}=\begin{pmatrix}2\\3\\1\end{pmatrix}$ $\rightarrow S(2|3|1)$

❷ Untersuchung der Geraden *g* und *k*:

1) Parallelität: Sind die Richtungsvektoren linear abhängig?

Richtungsvektoren: $\quad g:\begin{pmatrix} -2 \\ 2 \\ 1 \end{pmatrix} \quad k:\begin{pmatrix} 2 \\ -2 \\ 2 \end{pmatrix}$

Ansatz: $a\cdot\begin{pmatrix} -2 \\ 2 \\ 1 \end{pmatrix}=\begin{pmatrix} 2 \\ -2 \\ 2 \end{pmatrix} \Rightarrow \quad \begin{matrix} a\cdot(-2)=2 \\ a\cdot 2=-2 \\ a\cdot 1=2 \end{matrix} \quad \begin{matrix} \Rightarrow \ a=-1 \\ \Rightarrow \ a=-1 \\ \Rightarrow \ a=2 \end{matrix}$ (Widerspruch!)

→ Die Geraden verlaufen <u>nicht parallel</u>!!

2) Untersuchung auf möglichen Schnittpunkt:

Gleichsetzen der Geradengleichungen

Ansatz:

$\begin{pmatrix} 4 \\ 1 \\ 0 \end{pmatrix}+r\cdot\begin{pmatrix} -2 \\ 2 \\ 1 \end{pmatrix}=\begin{pmatrix} -1 \\ 3 \\ 1 \end{pmatrix}+s\cdot\begin{pmatrix} 2 \\ -2 \\ 2 \end{pmatrix} \Rightarrow \begin{matrix} I) \\ II) \\ III) \end{matrix} \quad \begin{matrix} 4+(-2)\cdot r=-1+2\cdot s \\ 1+2\cdot r=3+(-2)\cdot s \\ 0+1\cdot r=1+2\cdot s \end{matrix}$

Lösung des GLS:

$\left.\begin{matrix} I) & 4+(-2)\cdot r=-1+2\cdot s \\ II) & 1+2\cdot r=3+(-2)\cdot s \\ III) & 0+1\cdot r=1+2\cdot s \end{matrix}\right\} \Rightarrow \begin{matrix} s=2{,}5-r \quad \rightarrow in \ II) \ III) \\ 1+2\!\!\!\diagup r=3-2{,}5+2\!\!\!\diagup r \quad \rightarrow 1=0{,}5 \end{matrix}$ (Widerspruch!)

Das GLS hat **keine Lösung** → Es existiert **kein Schnittpunkt**!

Das heißt, dass die Geraden ***windschief*** verlaufen.

❸ Untersuchung der Geraden *h* und *k*:

1) Parallelität: Sind die Richtungsvektoren linear abhängig?

Richtungsvektoren:
$$g: \begin{pmatrix} 1 \\ -1 \\ 1 \end{pmatrix} \quad k: \begin{pmatrix} 2 \\ -2 \\ 2 \end{pmatrix}$$

Ansatz:

$$a \cdot \begin{pmatrix} 1 \\ -1 \\ 1 \end{pmatrix} = \begin{pmatrix} 2 \\ -2 \\ 2 \end{pmatrix} \Rightarrow \begin{array}{ll} a \cdot 1 = 2 & \Rightarrow a = 2 \\ a \cdot (-1) = -2 & \Rightarrow a = 2 \\ a \cdot 1 = 2 & \Rightarrow a = 2 \end{array} \quad (\checkmark)$$

→ Die Geraden verlaufen <u>parallel</u>!!

2) Untersuchung auf Identität:

Einsetzen des Stützvektors von *h* in den allg. Ortsvektor von *k*:

(Der umgekehrte Ansatz ist auch möglich)

Ansatz:

$$\begin{pmatrix} 1 \\ 4 \\ 0 \end{pmatrix} = \begin{pmatrix} -1 \\ 3 \\ 1 \end{pmatrix} + t \cdot \begin{pmatrix} 2 \\ -2 \\ 2 \end{pmatrix}$$

Lösung des GLS:

$$\begin{array}{lll} I) & 1 = -1 + 2 \cdot t & t = 1 \\ II) & 4 = 3 + (-2) \cdot t & \Rightarrow t = -0{,}5 \quad \text{(Widerspruch!)} \\ III) & 0 = 1 + 2 \cdot t & t = -0{,}5 \end{array}$$

Das GLS hat **keine Lösung** → die Geraden sind **nicht identisch**!

(Hätte das GLS eine Lösung → Gerade h wäre identisch mit k)

Analytische Geometrie:
Ebenen im Raum (1)

Parametergleichung der Ebene:

$$E: \vec{x} = \vec{a} + r \cdot \vec{u} + s \cdot \vec{v} \qquad (r, s \in \mathbb{R})$$

$$E: \vec{x} = \begin{pmatrix} a_x \\ a_y \\ a_z \end{pmatrix} + r \cdot \begin{pmatrix} u_x \\ u_y \\ u_z \end{pmatrix} + s \cdot \begin{pmatrix} v_x \\ v_y \\ v_z \end{pmatrix} \qquad (r, s \in \mathbb{R})$$

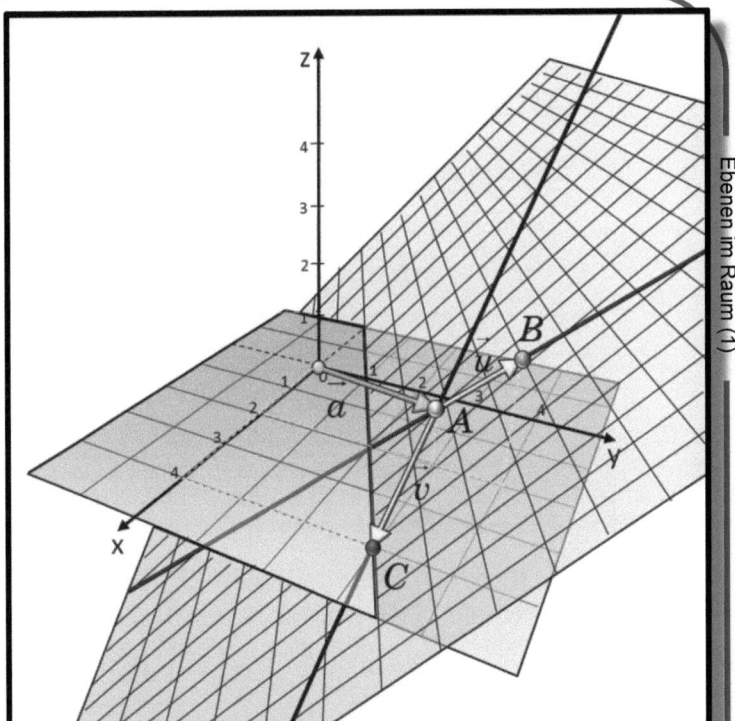

$\vec{x}$: **allg. Ebenenvektor**

$\vec{a}$: **Stützvektor**

$\vec{u}, \vec{v}$: **Richtungsvektoren**

r, s : **Ebenenparameter**

Dreipunktegleichung der Ebene:

$$E: \vec{x} = \vec{a} + r \cdot \left(\vec{b} - \vec{a} \right) + s \cdot \left(\vec{c} - \vec{a} \right) \qquad (r, s \in \mathbb{R})$$

$$E: \vec{x} = \begin{pmatrix} a_x \\ a_y \\ a_z \end{pmatrix} + r \cdot \left[\begin{pmatrix} b_x \\ b_y \\ b_z \end{pmatrix} - \begin{pmatrix} a_x \\ a_y \\ a_z \end{pmatrix} \right] + s \cdot \left[\begin{pmatrix} c_x \\ c_y \\ c_z \end{pmatrix} - \begin{pmatrix} a_x \\ a_y \\ a_z \end{pmatrix} \right] \qquad (r, s \in \mathbb{R})$$

Beispielaufgaben:

Geg.: $\quad A(1|2|3) \quad ; \quad B(2|3|2) \quad ; \quad C(3|4|2) \quad ; \quad \vec{d} = \begin{pmatrix} 2 \\ 0 \\ 1 \end{pmatrix} \quad ; \quad \vec{e} = \begin{pmatrix} 1 \\ 2 \\ 2 \end{pmatrix}$

❶ **In der Ebene E₁ verlaufen die beiden Vektoren $\vec{d}$ und $\vec{e}$ und sie enthält den Punkt A. Gib die Parameterform dieser Ebene an.**

❷ **Die Ebene E₂ enthält die Punkte A, B und C. Gib jew. die Parameterform der Ebene mit dem Ortsvektor von A (bzw. B oder C) als Stützvektor an.**

Analytische Geometrie: Ebenen im Raum (2)

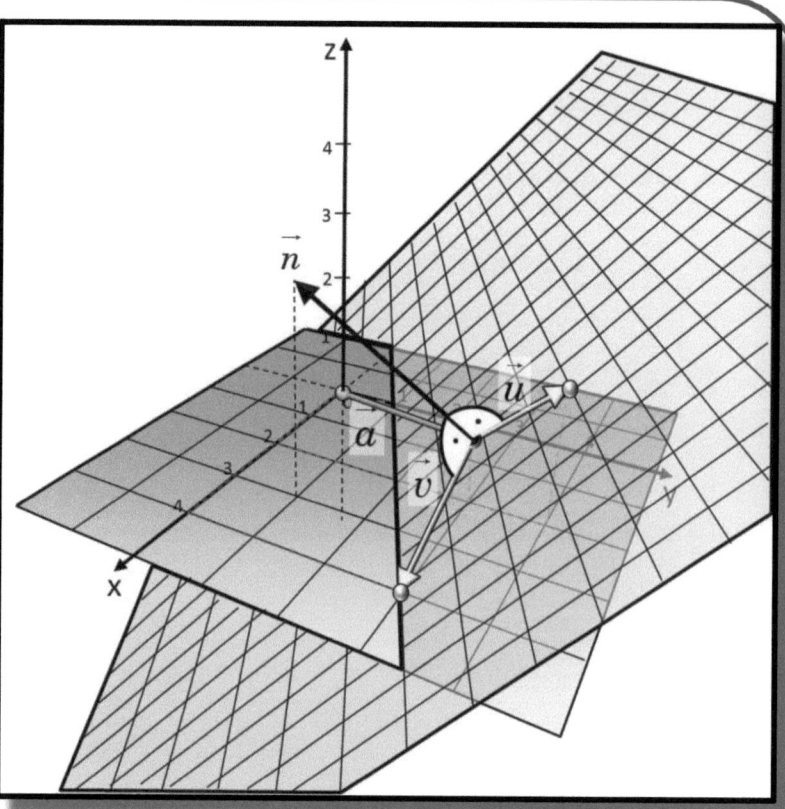

Normalengleichung der Ebene:

$$E : \left(\vec{x} - \vec{a} \right) \cdot \vec{n} = 0$$

$$E : \left(\vec{x} - \begin{pmatrix} a_x \\ a_y \\ a_z \end{pmatrix} \right) \cdot \begin{pmatrix} n_x \\ n_y \\ n_z \end{pmatrix} = 0$$

$\vec{x}$: **allg. Ebenenvektor**

$\vec{a}$: **Stützvektor**

$\vec{n}$: **Normalenvektor**

Der Normalenvektor $\vec{n}$ steht senkrecht zu den Richtungsvektoren in der Parametergleichung der Ebene: $\vec{n} = \vec{u} \times \vec{v}$ **(Vektorprodukt)**

$$E : \vec{x} = \vec{a} + r \cdot \vec{u} + s \cdot \vec{v} \qquad (r, s \in \mathbb{R})$$

Es gilt: Ein Punkt X liegt in der ebene E, wenn der Vektor $\overrightarrow{AX}$ senkrecht auf dem Normalenvektor $\vec{n}$ steht.

Beispielaufgaben:

Geg.: $A(1|2|3)$; $B(2|3|2)$; $C(3|4|2)$; $\vec{d} = \begin{pmatrix} 2 \\ 0 \\ 1 \end{pmatrix}$; $\vec{e} = \begin{pmatrix} 1 \\ 2 \\ 2 \end{pmatrix}$

❶ In der Ebene E_1 verlaufen die beiden Vektoren $\vec{d}$ und $\vec{e}$ und sie enthält den Punkt A. Gib die Normalenform dieser Ebene an.

❷ Die Ebene E_2 enthält den Punkte B und den Vektor $\vec{e}$ als Normalenvektor. Gib die zunächst die Normalenform der Ebene an und berechne dann die Parameterform dieser Ebene.

Lösungen:

$$E_1 : \left[\vec{x} - \begin{pmatrix} 1 \\ 2 \\ 3 \end{pmatrix} \right] \begin{pmatrix} -2 \\ -3 \\ 4 \end{pmatrix} = 0 \quad ; \quad E_2 : \vec{x} = \begin{pmatrix} 2 \\ 3 \\ 2 \end{pmatrix} + r \begin{pmatrix} 2 \\ -1 \\ 0 \end{pmatrix} + s \begin{pmatrix} 0 \\ 2 \\ -2 \end{pmatrix}$$

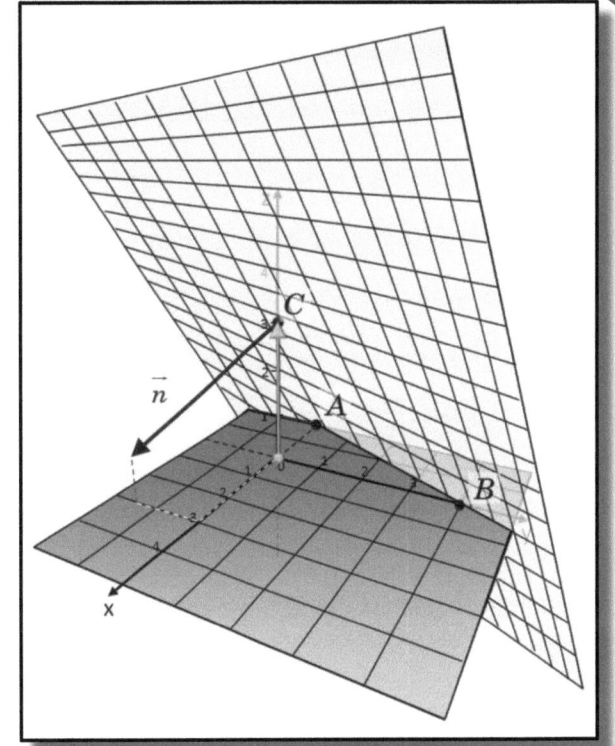

Analytische Geometrie:
Ebenen im Raum (3)

Koordinatengleichung der Ebene:

$$E : a \cdot x + b \cdot y + c \cdot z = d$$

Es gilt: $\quad \vec{n} = \begin{pmatrix} a \\ b \\ c \end{pmatrix} \quad \left(\vec{n} : \textbf{Normalenvektor} \right)$

Achsenabschnittsform der Ebene: (für $a, b, c, d \neq 0$)

$$E : \frac{x}{A} + \frac{y}{B} + \frac{z}{C} = 1$$

Es gilt dann: $\quad A = \dfrac{d}{a} \quad B = \dfrac{d}{b} \quad C = \dfrac{d}{c}$

A, B und C geben genau die Schnittpunkte der Ebene mit den Koordinatenachsen an (=Achsenabschnitte).

Beispielaufgaben:

Geg.: $\quad A(1|2|3) \quad ; \quad B(2|3|2) \quad ; \quad C(3|4|2) \quad ; \quad \vec{d} = \begin{pmatrix} 2 \\ 0 \\ 1 \end{pmatrix} \quad ; \quad \vec{e} = \begin{pmatrix} 1 \\ 2 \\ 2 \end{pmatrix}$

❶ Die Ebene E_1 enthält den Punkte C und den Vektor $\vec{e}$ als Normalenvektor. Gib die zunächst die Koordinatenformform der Ebene an und berechne dann die Achsenabschnittsform dieser Ebene.

❷ In der Ebene E_2 verlaufen die beiden Vektoren $\vec{d}$ und $\vec{e}$ und sie enthält den Punkt A. Gib die Koordinatenform dieser Ebene an. Berechne dann die Achsenabschnittsform der Ebene.

Lösungen: $\quad E_1 : 1x + 2y + 2z = 15 ; E_1 : \frac{x}{\frac{15}{1}} + \frac{y}{\frac{15}{2}} + \frac{z}{\frac{15}{2}} = 1 \quad ; \quad E_2 : -2x - 3y + 4z = 15 ; E_2 : \frac{x}{-\frac{4}{2}} + \frac{y}{-\frac{4}{3}} + \frac{z}{\frac{4}{4}} = 1$

Analytische Geometrie: Ebenen im Raum (4)

Umwandlungen der Ebenengleichungen

1) Parametergleichung → Normalengleichung

Gegeben sei eine Ebene als Parametergleichung

$$\boxed{E: \vec{x} = \vec{a} + r \cdot \vec{u} + s \cdot \vec{v}} \qquad \boxed{E: \vec{x} = \begin{pmatrix} a_x \\ a_y \\ a_z \end{pmatrix} + r \cdot \begin{pmatrix} u_x \\ u_y \\ u_z \end{pmatrix} + s \cdot \begin{pmatrix} v_x \\ v_y \\ v_z \end{pmatrix}} \quad (r, s \in \mathbb{R})$$

Das Kreuzprodukt der beiden Richtungsvektoren liefert den Normalenvektor der Ebene:

$$\vec{n} = \vec{u} \times \vec{v} = \begin{pmatrix} u_x \\ u_y \\ u_z \end{pmatrix} \times \begin{pmatrix} v_x \\ v_y \\ v_z \end{pmatrix} = \begin{pmatrix} u_y v_z - u_z v_y \\ u_z v_x - u_x v_z \\ u_x v_y - u_y v_x \end{pmatrix} = \begin{pmatrix} n_x \\ n_y \\ n_z \end{pmatrix} \quad \Rightarrow \quad \boxed{E: \left(\vec{x} - \begin{pmatrix} a_x \\ a_y \\ a_z \end{pmatrix} \right) \cdot \begin{pmatrix} n_x \\ n_y \\ n_z \end{pmatrix} = 0}$$

Der Stützvektor der Ebene wird übernommen.

Beispiel:

$$E: \vec{x} = \begin{pmatrix} 2 \\ 3 \\ 1 \end{pmatrix} + r \cdot \begin{pmatrix} 0 \\ 1 \\ 1 \end{pmatrix} + s \cdot \begin{pmatrix} 2 \\ 0 \\ -1 \end{pmatrix} \quad ; \quad \vec{n} = \vec{u} \times \vec{v} = \begin{pmatrix} 0 \\ 1 \\ 1 \end{pmatrix} \times \begin{pmatrix} 2 \\ 0 \\ -1 \end{pmatrix} = \begin{pmatrix} -1 \\ 2 \\ -2 \end{pmatrix}$$

Wir erhalten das Ergebnis:

$$\Rightarrow \quad \boxed{E: \left(\vec{x} - \begin{pmatrix} 2 \\ 3 \\ 1 \end{pmatrix} \right) \cdot \begin{pmatrix} -1 \\ 2 \\ -2 \end{pmatrix} = 0}$$

2) *Normalengleichung* → *Koordinatengleichung*

Gegeben:

$$E: \left(\vec{x} - \begin{pmatrix} a_x \\ a_y \\ a_z \end{pmatrix} \right) \cdot \begin{pmatrix} n_x \\ n_y \\ n_z \end{pmatrix} = 0$$

Die Klammer wird zunächst aufgelöst:

$$\vec{x} \cdot \begin{pmatrix} n_x \\ n_y \\ n_z \end{pmatrix} - \underbrace{\begin{pmatrix} a_x \\ a_y \\ a_z \end{pmatrix} \cdot \begin{pmatrix} n_x \\ n_y \\ n_z \end{pmatrix}}_{a_x \cdot n_x + a_y \cdot n_y + a_z \cdot n_z} = 0$$

Der allgemeine Ebenenvektor wird durch seine Spatenform ersetzt und

das Skalarprodukt gebildet:

$$\underbrace{\begin{pmatrix} x \\ y \\ z \end{pmatrix} \cdot \begin{pmatrix} n_x \\ n_y \\ n_z \end{pmatrix}}_{x \cdot n_x + y \cdot n_y + z \cdot n_z} - \underbrace{\left(a_x \cdot n_x + a_y \cdot n_y + a_z \cdot n_z \right)}_{d} = 0 \quad \Rightarrow \quad \boxed{n_x \cdot x + n_y \cdot y + n_z \cdot z = d}$$

Beispiel:

$$E: \left(\vec{x} - \begin{pmatrix} 2 \\ 3 \\ 1 \end{pmatrix} \right) \cdot \begin{pmatrix} -1 \\ 2 \\ -2 \end{pmatrix} = 0 \quad \Rightarrow \quad \vec{x} \cdot \begin{pmatrix} -1 \\ 2 \\ -2 \end{pmatrix} - \underbrace{\begin{pmatrix} 2 \\ 3 \\ 1 \end{pmatrix} \begin{pmatrix} -1 \\ 2 \\ -2 \end{pmatrix}}_{2 \cdot (-1) + 3 \cdot 2 + 1 \cdot (-2)} = 0$$

$$\Rightarrow \quad \underbrace{\begin{pmatrix} x \\ y \\ z \end{pmatrix} \cdot \begin{pmatrix} -1 \\ 2 \\ -2 \end{pmatrix}}_{x \cdot (-1) + y \cdot 2 + z \cdot (-2)} - (2) = 0 \quad \Rightarrow \quad x \cdot (-1) + y \cdot 2 + z \cdot (-2) - 2 = 0$$

$$\Rightarrow \quad \boxed{-1x + 2y - 2z = 2}$$

3) *Koordinatengleichung → Normalengleichung*

An der Koordinatenform der Ebene lässt sich direkt der Normalenvektor ablesen:

$$\boxed{x \cdot n_x + y \cdot n_y + z \cdot n_z = d} \quad \Rightarrow \quad \vec{n} = \begin{pmatrix} n_x \\ n_y \\ n_z \end{pmatrix}$$

Jetzt wird noch der Stützvektor gesucht. Hierfür können zwei Komponenten frei gewählt werden (z.B. x und y) und die dritte Komponente wird über die Koordinatengleichung berechnet:

Wähle: x = =   und y = 0

$$\Rightarrow 0 \cdot n_x + 0 \cdot n_y + z \cdot n_z = d \quad \Rightarrow \quad z = \frac{d}{n_z}$$

Wir erhalten die Normalenform der Ebene:
$$E : \left(\vec{x} - \begin{pmatrix} 0 \\ 0 \\ \left(\frac{d}{n_z}\right) \end{pmatrix} \right) \cdot \begin{pmatrix} n_x \\ n_y \\ n_z \end{pmatrix} = 0$$

Beispiel:

$$-1x + 2y - 2z = 2 \quad \Rightarrow \quad \vec{n} = \begin{pmatrix} -1 \\ 2 \\ -2 \end{pmatrix}$$

Wähle x = 0 ; y = 0

$$\Rightarrow 0 \cdot (-1) + 0 \cdot 2 + z \cdot (-2) = 2 \quad \Rightarrow \quad z = \frac{2}{-2} = -1 \quad \Rightarrow \quad \vec{a} = \begin{pmatrix} 0 \\ 0 \\ -1 \end{pmatrix}$$

$$\Rightarrow E : \left(\vec{x} - \begin{pmatrix} 0 \\ 0 \\ -1 \end{pmatrix} \right) \cdot \begin{pmatrix} -1 \\ 2 \\ -2 \end{pmatrix} = 0$$

4) Normalengleichung → Parametergleichung

$$E: \left(\vec{x} - \begin{pmatrix} a_x \\ a_y \\ a_z \end{pmatrix} \right) \cdot \begin{pmatrix} n_x \\ n_y \\ n_z \end{pmatrix} = 0$$

Wir benötigen zwei linear unabhängige Vektoren die zum Normalenvektor senkrecht stehen.

Wir wählen hierfür eine Komponente gleich Null. Für die beiden anderen Komponenten werden die des Normalenvektors vertauscht und bei einem davon das Vorzeichen gewechselt.

Vektor 1: Wähle $u_x = 0$

$$\begin{pmatrix} u_x \\ u_y \\ u_z \end{pmatrix} = \begin{pmatrix} 0 \\ -n_z \\ n_y \end{pmatrix} \quad \begin{pmatrix} n_x \\ n_y \\ n_z \end{pmatrix}$$

$$E: \vec{x} = \begin{pmatrix} a_x \\ a_y \\ a_z \end{pmatrix} + r \cdot \begin{pmatrix} u_x \\ u_y \\ u_z \end{pmatrix} + s \cdot \begin{pmatrix} v_x \\ v_y \\ v_z \end{pmatrix}$$

Vektor 2: Wähle $v_z = 0$

$$\begin{pmatrix} v_x \\ v_y \\ v_z \end{pmatrix} = \begin{pmatrix} n_y \\ -n_x \\ 0 \end{pmatrix} \quad \begin{pmatrix} n_x \\ n_y \\ n_z \end{pmatrix}$$

$$\Rightarrow \quad E: \vec{x} = \begin{pmatrix} a_x \\ a_y \\ a_z \end{pmatrix} + r \cdot \begin{pmatrix} 0 \\ -n_z \\ n_y \end{pmatrix} + s \cdot \begin{pmatrix} n_y \\ -n_x \\ 0 \end{pmatrix}$$

Beispiel:

$$E: \left(\vec{x} - \begin{pmatrix} 0 \\ 0 \\ -1 \end{pmatrix} \right) \cdot \begin{pmatrix} -1 \\ 2 \\ -2 \end{pmatrix} = 0 \qquad \rightarrow \quad \vec{n} = \begin{pmatrix} n_x \\ n_y \\ n_z \end{pmatrix} = \begin{pmatrix} -1 \\ 2 \\ -2 \end{pmatrix}$$

Vektor 1: Wähle $u_x = 0$

$$\begin{pmatrix} u_x \\ u_y \\ u_z \end{pmatrix} = \begin{pmatrix} 0 \\ -n_z \\ n_y \end{pmatrix} = \begin{pmatrix} 0 \\ 2 \\ 2 \end{pmatrix}$$

Vektor 2: Wähle $v_z = 0$

$$\begin{pmatrix} v_x \\ v_y \\ v_z \end{pmatrix} = \begin{pmatrix} n_y \\ -n_x \\ 0 \end{pmatrix} = \begin{pmatrix} 2 \\ 1 \\ 0 \end{pmatrix}$$

$$\Rightarrow \quad E: \vec{x} = \begin{pmatrix} 0 \\ 0 \\ -1 \end{pmatrix} + r \cdot \begin{pmatrix} 0 \\ 2 \\ 2 \end{pmatrix} + s \cdot \begin{pmatrix} 2 \\ 1 \\ 0 \end{pmatrix}$$

(Beachte: In allen betrachteten Beispielen der vier Fälle handelt es sich immer um die gleiche Ebene)

Analytische Geometrie:

Lagebeziehung Ebene-Punkt

Unterscheide zwei Möglichkeiten:

1) Punkt liegt in der Ebene

2) Punkt liegt nicht in der Ebene

Gegeben ist die Ebene:

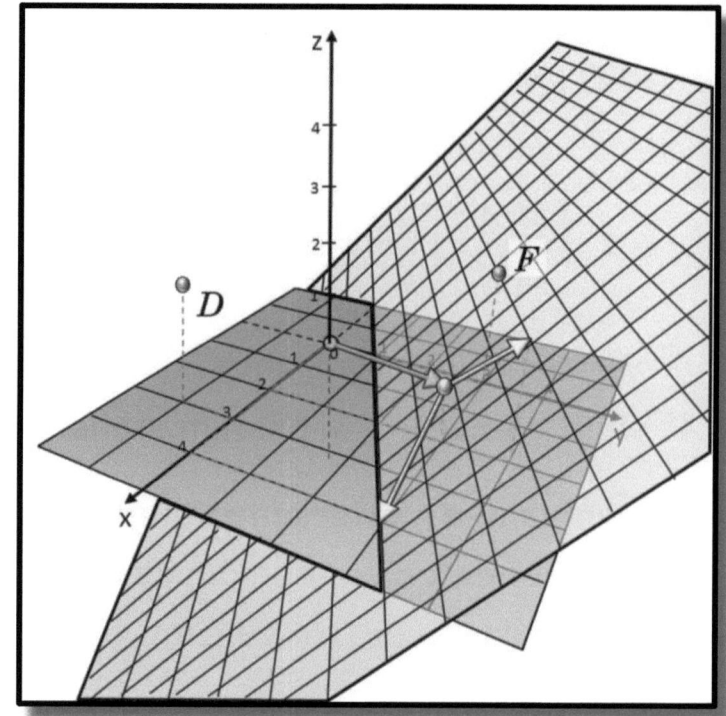

$$E: \vec{x} = \begin{pmatrix} 2 \\ 3 \\ 1 \end{pmatrix} + r \cdot \begin{pmatrix} 0 \\ 1 \\ 1 \end{pmatrix} + s \cdot \begin{pmatrix} 2 \\ 0 \\ -1 \end{pmatrix} \quad (r, s \in \mathbb{R})$$

Punkte: $D(3|-1|2)$; $F(0|3|2)$

1) Untersuchung der Ebene *E* und *Punkt D*:

Einsetzen der Koordinaten von *D* in den allg. Ortsvektor $\vec{x}$ von *E*:

Ansatz:
$$\begin{pmatrix} 3 \\ -1 \\ 2 \end{pmatrix} = \begin{pmatrix} 2 \\ 3 \\ 1 \end{pmatrix} + r \cdot \begin{pmatrix} 0 \\ 1 \\ 1 \end{pmatrix} + s \cdot \begin{pmatrix} 2 \\ 0 \\ -1 \end{pmatrix}$$

$\Rightarrow$

I) $\quad 3 = 2 + 0 \cdot r + 2 \cdot s$

II) $\quad -1 = 3 + 1 \cdot r + 0 \cdot s$

III) $\quad 2 = 1 + 1 \cdot r + (-1) \cdot s$

Lösung des GLS:

I) und II) $\rightarrow \quad r = -4$; $s = 0,5$

Probe in III)

$2 = 1 + 1 \cdot (-4) + (-1) \cdot 0,5 \rightarrow \boxed{2 = -3,5}$

$\Big\}$ **Widerspruch!**

> Das GLS hat keine Lösung $\rightarrow$ Der Punkt liegt nicht in der Ebene!

2) Untersuchung der Ebene *E* und *Punkt F*:

Einsetzen der Koordinaten von *F* in den allg. Ortsvektor $\vec{x}$ von *E*:

Ansatz:
$$\begin{pmatrix} 0 \\ 3 \\ 2 \end{pmatrix} = \begin{pmatrix} 2 \\ 3 \\ 1 \end{pmatrix} + r \cdot \begin{pmatrix} 0 \\ 1 \\ 1 \end{pmatrix} + s \cdot \begin{pmatrix} 2 \\ 0 \\ -1 \end{pmatrix}$$

$\Rightarrow$

I) $\quad 0 = 2 + 0 \cdot r + 2 \cdot s$

II) $\quad 3 = 3 + 1 \cdot r + 0 \cdot s$

III) $\quad 2 = 1 + 1 \cdot r + (-1) \cdot s$

Lösung des GLS:

I) und II) $\rightarrow \quad r = 0$; $s = -1$

Probe in III)

$2 = 1 + 1 \cdot (0) + (-1) \cdot (-1) \rightarrow \boxed{2 = 2}$

$\Big\}$ $(\checkmark)$

> Das GLS hat eine Lösung $\rightarrow$ Der Punkt liegt in der Ebene!

Auch wenn die Ebene in der Normalenform oder der Koordinatenform gegeben ist kann die Lagebeziehung eines Punktes dadurch untersucht werden, dass er in die Ebenengleichung eingesetzt wird.

Sei die Ebene *E* in der *Normalenform* gegeben: $E: \left(\vec{x} - \begin{pmatrix} 2 \\ 3 \\ 1 \end{pmatrix} \right) \cdot \begin{pmatrix} 1 \\ -2 \\ 2 \end{pmatrix} = 0$

Untersuchung des Punktes *D*: $D(3|-1|2)$

Einsetzen: $\left(\begin{pmatrix} 3 \\ -1 \\ 2 \end{pmatrix} - \begin{pmatrix} 2 \\ 3 \\ 1 \end{pmatrix} \right) \cdot \begin{pmatrix} 1 \\ -2 \\ 2 \end{pmatrix} = 0 \;\Rightarrow\; \begin{pmatrix} 1 \\ -4 \\ 1 \end{pmatrix} \cdot \begin{pmatrix} 1 \\ -2 \\ 2 \end{pmatrix} = 0 \;\Rightarrow\; 1 \cdot 1 + (-4) \cdot (-2) + 1 \cdot 2 = 0$

Dies führt zur Aussage: $\boxed{11 = 0}$ (✗)

Für den Punkt D erhalten wir auf diesem Weg eine <u>falsche Aussage</u> $\rightarrow (D \notin E)$

(Für den Punkt F erhalten wir auf diesem Weg eine <u>wahre Aussage</u> $\rightarrow (F \in E))$

Sei die Ebene *E* in der *Koordinatenform* gegeben: $E: x - 2y + 2z = -2$

Untersuchung des Punktes D: $D(3|-1|2)$

Einsetzen: $1 \cdot x - 2y + 2z = -2 \;\Rightarrow\; 1 \cdot 3 - 2 \cdot (-1) + 2 \cdot 2 = -2 \;\Rightarrow\; \boxed{9 = -2}$ (✗)

Für den Punkt D erhalten wir auf diesem Weg eine <u>falsche Aussage</u> $\rightarrow (D \notin E)$

Untersuchung des Punktes D: $F(0|3|2)$

Einsetzen: $1 \cdot x - 2y + 2z = -2 \;\Rightarrow\; 1 \cdot 0 - 2 \cdot 3 + 2 \cdot 2 = -2 \;\Rightarrow\; \boxed{-2 = -2}$ (✓)

→ Für den Punkt F erhalten wir auf diesem Weg eine <u>wahre Aussage</u> $\rightarrow (F \in E)$

Aufgaben: $E_1: \vec{x} = \begin{pmatrix} 2 \\ -3 \\ 1 \end{pmatrix} + r \cdot \begin{pmatrix} 3 \\ 2 \\ -4 \end{pmatrix} + s \cdot \begin{pmatrix} 2 \\ -1 \\ 3 \end{pmatrix}$; $E_2: 3 \cdot x - 4 \cdot x + z = 5$; $E_3: \left(\vec{x} - \begin{pmatrix} 2 \\ -3 \\ 4 \end{pmatrix} \right) \cdot \begin{pmatrix} 1 \\ 2 \\ 3 \end{pmatrix} = 0$

Untersuche die Punkte $G(5|-1|-3)$; $H(4|-4|4)$; $I(4|2|1)$

Lösungen: $(G \in E_1)(H \in E_1)(I \notin E_1)(G \notin E_2)(H \notin E_2)(I \in E_2)(G \notin E_3)(H \in E_3)(I \notin E_3)$

Analytische Geometrie:

Lagebeziehung Ebene-Gerade

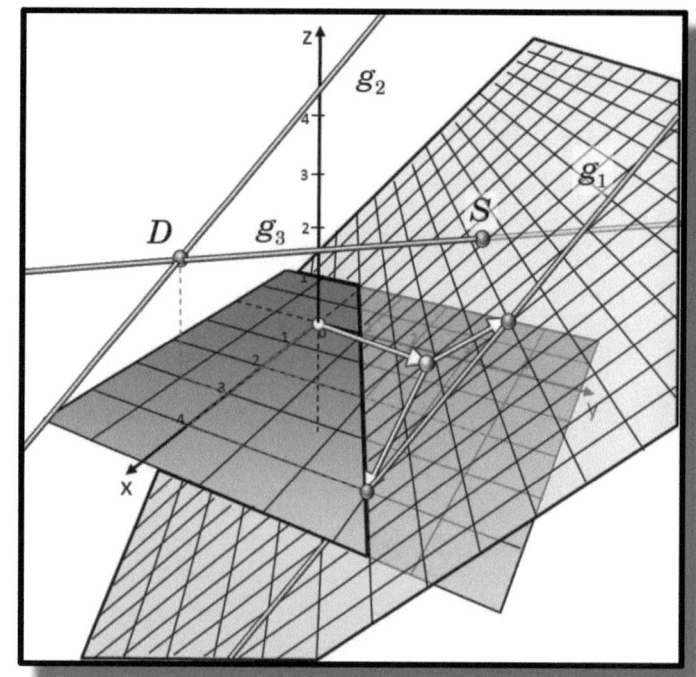

Unterscheide drei Möglichkeiten:

1) Gerade liegt ganz in der Ebene

2) Gerade verläuft parallel zur Ebene

3) Gerade schneidet die Ebene

Gegeben ist die Ebene:

$$E: \vec{x} = \begin{pmatrix} 2 \\ 3 \\ 1 \end{pmatrix} + r \cdot \begin{pmatrix} 0 \\ 1 \\ 1 \end{pmatrix} + s \cdot \begin{pmatrix} 2 \\ 0 \\ -1 \end{pmatrix} \quad (r,s \in \mathbb{R})$$

Geraden: $g_1: \vec{x} = \begin{pmatrix} 2 \\ 4 \\ 2 \end{pmatrix} + t \cdot \begin{pmatrix} 2 \\ -1 \\ -2 \end{pmatrix}$ $\qquad g_2: \vec{x} = \begin{pmatrix} 3 \\ -1 \\ 2 \end{pmatrix} + t \cdot \begin{pmatrix} 2 \\ -1 \\ -2 \end{pmatrix}$ $\qquad g_3: \vec{x} = \begin{pmatrix} 3 \\ -1 \\ 2 \end{pmatrix} + t \cdot \begin{pmatrix} -3 \\ 4 \\ 0 \end{pmatrix}$

1) Untersuchung der Ebene *E* und *Gerade* g_3: *(allgemeiner Fall)*

Einsetzen des allg. Ortsvektors von g_3 in die Ebene *E*:

Ansatz: $\begin{pmatrix} 3 \\ -1 \\ 2 \end{pmatrix} + t \cdot \begin{pmatrix} -3 \\ 4 \\ 0 \end{pmatrix} = \begin{pmatrix} 2 \\ 3 \\ 1 \end{pmatrix} + r \cdot \begin{pmatrix} 0 \\ 1 \\ 1 \end{pmatrix} + s \cdot \begin{pmatrix} 2 \\ 0 \\ -1 \end{pmatrix}$ $\Rightarrow$

I) $\quad 3 + (-3) \cdot t = 2 + 0 \cdot r + 2 \cdot s$

II) $\quad -1 + 4 \cdot t = 3 + 1 \cdot r + 0 \cdot s$

III) $\quad 2 + 0 \cdot t = 1 + 1 \cdot r + (-1) \cdot s$

Lösung des GLS: → $\boxed{r = 0 \; ; \; s = -1 \; ; \; t = 1}$

Das GLS hat <u>eine Lösung</u> → Der **Schnittpunkt** wird dadurch berechnet, dass der entsprechende Parameter in die Geradengleichung eingesetzt wird (t=1):

$$\vec{s} = \begin{pmatrix} 3 \\ -1 \\ 2 \end{pmatrix} + 1 \cdot \begin{pmatrix} -3 \\ 4 \\ 0 \end{pmatrix} = \begin{pmatrix} 0 \\ 3 \\ 2 \end{pmatrix}$$

$$\Rightarrow S(0|3|2)$$

2) Untersuchung der Ebene *E* und *Gerade* g_2: *(Spezialfall 1)*

Einsetzen des allg. Ortsvektors von g_2 in die Ebene *E*:

Ansatz: $\begin{pmatrix} 3 \\ -1 \\ 2 \end{pmatrix} + t \cdot \begin{pmatrix} 2 \\ -1 \\ -2 \end{pmatrix} = \begin{pmatrix} 2 \\ 3 \\ 1 \end{pmatrix} + r \cdot \begin{pmatrix} 0 \\ 1 \\ 1 \end{pmatrix} + s \cdot \begin{pmatrix} 2 \\ 0 \\ -1 \end{pmatrix}$ $\Rightarrow$

I) $\quad 3 + 2 \cdot t = 2 + 0 \cdot r + 2 \cdot s$

II) $\quad -1 + (-1) \cdot t = 3 + 1 \cdot r + 0 \cdot s$

III) $\quad 2 + (-2) \cdot t = 1 + 1 \cdot r + (-1) \cdot s$

Lösung des GLS:

Das Gleichungssystem führt zu einem Widerspruch (0=1), es hat also <u>keine Lösung</u>. → Die Gerade g_2 verläuft <u>parallel</u> zu E.

3) Untersuchung der Ebene *E* und *Gerade* g_1:   *(Spezialfall 2)*

Einsetzen des allg. Ortsvektors von g_1 in die Ebene *E*:

Ansatz: $\begin{pmatrix} 2 \\ 4 \\ 2 \end{pmatrix} + t \cdot \begin{pmatrix} 2 \\ -1 \\ -2 \end{pmatrix} = \begin{pmatrix} 2 \\ 3 \\ 1 \end{pmatrix} + r \cdot \begin{pmatrix} 0 \\ 1 \\ 1 \end{pmatrix} + s \cdot \begin{pmatrix} 2 \\ 0 \\ -1 \end{pmatrix} \Rightarrow$
$\begin{array}{ll} I) & 2 + 2 \cdot t = 2 + 0 \cdot r + 2 \cdot s \\ II) & 4 + (-1) \cdot t = 3 + 1 \cdot r + 0 \cdot s \\ III) & 2 + (-2) \cdot t = 1 + 1 \cdot r + (-1) \cdot s \end{array}$

Lösung des GLS:

Das Gleichungssystem führt zu einer allgemeingültigen Aussage (t=t), es hat also <u>unendlich viele Lösungen</u>. → Die Gerade g_1 <u>liegt ganz in E</u>.

Die Untersuchung der Lagebeziehung kann auch mit der Normalenform und der Koordinatenform der Ebene vorgenommen werden.

4) Untersuchung der Ebene *E* und *Gerade* g_3: *(allgemeiner Fall)*

Sei die Ebene *E* in der *Normalenform* gegeben: $E : \left(\vec{x} - \begin{pmatrix} 2 \\ 3 \\ 1 \end{pmatrix} \right) \cdot \begin{pmatrix} 1 \\ -2 \\ 2 \end{pmatrix} = 0$

Einsetzen des allg. Ortsvektors von g_3 in die Ebene *E*:

$E : \left(\begin{pmatrix} 3 \\ -1 \\ 2 \end{pmatrix} + t \cdot \begin{pmatrix} -3 \\ 4 \\ 0 \end{pmatrix} - \begin{pmatrix} 2 \\ 3 \\ 1 \end{pmatrix} \right) \cdot \begin{pmatrix} 1 \\ -2 \\ 2 \end{pmatrix} = 0 \Rightarrow \left(\begin{pmatrix} 1 \\ -4 \\ 1 \end{pmatrix} + t \cdot \begin{pmatrix} -3 \\ 4 \\ 0 \end{pmatrix} \right) \cdot \begin{pmatrix} 1 \\ -2 \\ 2 \end{pmatrix} = 0$

$\underbrace{\begin{pmatrix} 1 \\ -4 \\ 1 \end{pmatrix} \cdot \begin{pmatrix} 1 \\ -2 \\ 2 \end{pmatrix}}_{11} + t \cdot \underbrace{\begin{pmatrix} -3 \\ 4 \\ 0 \end{pmatrix} \cdot \begin{pmatrix} 1 \\ -2 \\ 2 \end{pmatrix}}_{-11} = 0 \Rightarrow \boxed{t = 1}$ → Dies führt wieder zum Ergebnis aus 1)

5) Sei die Ebene *E* in der *Koordinatenform* gegeben: $E : x - 2y + 2z = -2$

Die Gerade g_3 wird in den Komponenten dargestellt:

$g_3 : \vec{x} = \begin{pmatrix} 3 \\ -1 \\ 2 \end{pmatrix} + t \cdot \begin{pmatrix} -3 \\ 4 \\ 0 \end{pmatrix} \Rightarrow \begin{array}{l} x = 3 - 3 \cdot t \\ y = -1 + 4 \cdot t \\ z = 2 + 0 \cdot t \end{array}$ → einsetzen in die Ebenengleichung:

$(3 - 3 \cdot t) - 2 \cdot (-1 + 4 \cdot t) + 2 \cdot (2 + 0 \cdot t) = -2 \Rightarrow 9 - 11t = -2 \Rightarrow \boxed{t = 1}$ → Ergebnis aus 1)

Aufgaben: Untersuche die gegenseitige Lage.

$E_2 : \vec{x} = \begin{pmatrix} 0 \\ 1 \\ 0 \end{pmatrix} + r \cdot \begin{pmatrix} 3 \\ -2 \\ 0 \end{pmatrix} + s \cdot \begin{pmatrix} 0 \\ 2 \\ 3 \end{pmatrix}$ $g_4 : \vec{x} = \begin{pmatrix} 2 \\ 3 \\ 1 \end{pmatrix} + t \cdot \begin{pmatrix} 0 \\ 2 \\ 3 \end{pmatrix}$ $g_5 : \vec{x} = \begin{pmatrix} 0 \\ 3 \\ 3 \end{pmatrix} + t \cdot \begin{pmatrix} -3 \\ 4 \\ 3 \end{pmatrix}$ $g_6 : \vec{x} = \begin{pmatrix} 4 \\ 1 \\ -1 \end{pmatrix} + t \cdot \begin{pmatrix} 1 \\ 2 \\ -1 \end{pmatrix}$

Lösungen: $(g_4 \| E_2)(g_5 \in E_2)\left(g_6 \not{|} E_2 \rightarrow S(3|-1|0) \right)$

Analytische Geometrie:
Lagebeziehung Ebene-Ebene

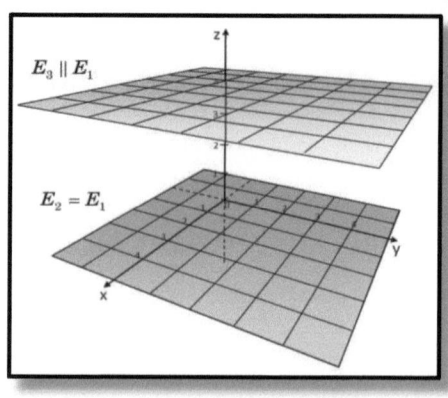

Unterscheide drei Möglichkeiten:

1) Die Ebenen sind identisch
2) Die Ebenen verlaufen parallel
3) Die Ebenen schneiden sich

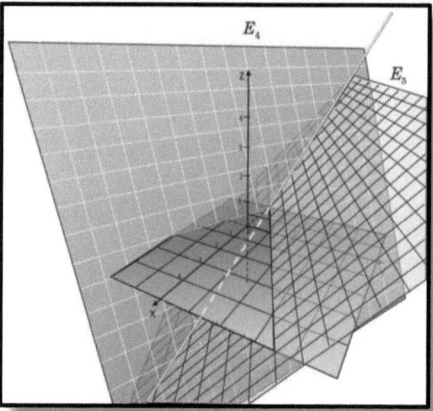

Untersuchung auf Parallelität/Identität/Schnittgerade:

Zwei Ebenen verlaufen parallel, wenn ihre Normalenvektoren parallel verlaufen. Sie sind identisch wenn ein Punkt von der einen Ebene gleichzeitig zur anderen Ebene gehört. Zwei Ebenen haben eine gemeinsame Schnittgerade wenn die Normalenvektoren nicht parallel verlaufen.

Ebenen:

$$E_1 : \vec{x} = \begin{pmatrix} 2 \\ 4 \\ 0 \end{pmatrix} + a \cdot \begin{pmatrix} 2 \\ 1 \\ 0 \end{pmatrix} + b \cdot \begin{pmatrix} 4 \\ -3 \\ 0 \end{pmatrix} \; ; \quad E_2 : \vec{x} = \begin{pmatrix} 1 \\ 1 \\ 0 \end{pmatrix} + c \cdot \begin{pmatrix} 1 \\ 0 \\ 0 \end{pmatrix} + d \cdot \begin{pmatrix} 0 \\ 1 \\ 0 \end{pmatrix} \; ; \quad E_3 : \vec{x} = \begin{pmatrix} 1 \\ 2 \\ 4 \end{pmatrix} + e \cdot \begin{pmatrix} -1 \\ 0 \\ 0 \end{pmatrix} + f \cdot \begin{pmatrix} 0 \\ -2 \\ 0 \end{pmatrix} \; ;$$

$$E_4 : \left[\vec{x} - \begin{pmatrix} 0 \\ -2 \\ 0 \end{pmatrix} \right] \cdot \begin{pmatrix} 1 \\ -2 \\ 1 \end{pmatrix} = 0 \; ; \quad E_5 : \vec{x} = \begin{pmatrix} 2 \\ 3 \\ 1 \end{pmatrix} + h \cdot \begin{pmatrix} 0 \\ 1 \\ 1 \end{pmatrix} + i \cdot \begin{pmatrix} 2 \\ 0 \\ -1 \end{pmatrix}$$

1) Untersuchung der Ebenen E_1 und E_2:

Berechnung der Normalenvektoren $\rightarrow$ Kreuzprodukt der Richtungsvektoren

$$\vec{a} \times \vec{b} = \begin{pmatrix} a_x \\ a_y \\ a_z \end{pmatrix} \times \begin{pmatrix} b_x \\ b_y \\ b_z \end{pmatrix} = \begin{pmatrix} a_y b_z - a_z b_y \\ a_z b_x - a_x b_z \\ a_x b_y - a_y b_x \end{pmatrix} \quad \rightarrow \quad \vec{n_1} = \begin{pmatrix} 0 \\ 0 \\ -10 \end{pmatrix} \; ; \quad \vec{n_2} = \begin{pmatrix} 0 \\ 0 \\ 1 \end{pmatrix}$$

Es gilt: $\quad \vec{n_1} = -10 \cdot \vec{n_2} \quad \Rightarrow \vec{n_1} \parallel \vec{n_2} \quad \rightarrow$ Die Richtungsvektoren verlaufen parallel.

$\rightarrow$ Prüfen auf Identität: Der Punkt von E_1 wird in E_2 eingesetzt.

$$\begin{pmatrix} 1 \\ 1 \\ 0 \end{pmatrix} = \begin{pmatrix} 2 \\ 4 \\ 0 \end{pmatrix} + a \cdot \begin{pmatrix} 2 \\ 1 \\ 0 \end{pmatrix} + b \cdot \begin{pmatrix} 4 \\ -3 \\ 0 \end{pmatrix} \quad \rightarrow \quad \textbf{Das GLS ist lösbar!} \quad \rightarrow \quad \text{Die Ebenen } \underline{\text{sind identisch}}!$$

Ebenen:

$$E_1 : \vec{x} = \begin{pmatrix} 2 \\ 4 \\ 0 \end{pmatrix} + a \cdot \begin{pmatrix} 2 \\ 1 \\ 0 \end{pmatrix} + b \cdot \begin{pmatrix} 4 \\ -3 \\ 0 \end{pmatrix} \; ; \quad E_2 : \vec{x} = \begin{pmatrix} 1 \\ 1 \\ 0 \end{pmatrix} + c \cdot \begin{pmatrix} 1 \\ 0 \\ 0 \end{pmatrix} + d \cdot \begin{pmatrix} 0 \\ 1 \\ 0 \end{pmatrix} \; ; \quad E_3 : \vec{x} = \begin{pmatrix} 1 \\ 2 \\ 4 \end{pmatrix} + e \cdot \begin{pmatrix} -1 \\ 0 \\ 0 \end{pmatrix} + f \cdot \begin{pmatrix} 0 \\ -2 \\ 0 \end{pmatrix} \; ;$$

$$E_4 : \left[\vec{x} - \begin{pmatrix} 0 \\ -2 \\ 0 \end{pmatrix} \right] \cdot \begin{pmatrix} 1 \\ -2 \\ 1 \end{pmatrix} = 0 \; ; \quad E_5 : \vec{x} = \begin{pmatrix} 2 \\ 3 \\ 1 \end{pmatrix} + h \cdot \begin{pmatrix} 0 \\ 1 \\ 1 \end{pmatrix} + i \cdot \begin{pmatrix} 2 \\ 0 \\ -1 \end{pmatrix}$$

2) Untersuchung der Ebenen E_1 und E_3:

Berechnung der Normalenvektoren zu E_1 und E_3 (Kreuzprodukt der jew. Richtungsvektoren)

$$\vec{a} \times \vec{b} = \begin{pmatrix} a_x \\ a_y \\ a_z \end{pmatrix} \times \begin{pmatrix} b_x \\ b_y \\ b_z \end{pmatrix} = \begin{pmatrix} a_y b_z - a_z b_y \\ a_z b_x - a_x b_z \\ a_x b_y - a_y b_x \end{pmatrix} \quad \rightarrow \quad \vec{n_1} = \begin{pmatrix} 0 \\ 0 \\ -10 \end{pmatrix} \; ; \quad \vec{n_3} = \begin{pmatrix} 0 \\ 0 \\ 2 \end{pmatrix}$$

Es gilt: $\quad \vec{n_1} = -5 \cdot \vec{n_3} \quad \Rightarrow \vec{n_1} \parallel \vec{n_3} \quad \rightarrow \quad$ Die Richtungsvektoren verlaufen parallel.

$\rightarrow \quad$ Prüfen auf Identität: Der Punkt von E_1 wird in E_3 eingesetzt.

$$\begin{pmatrix} 1 \\ 2 \\ 4 \end{pmatrix} = \begin{pmatrix} 2 \\ 4 \\ 0 \end{pmatrix} + a \cdot \begin{pmatrix} 2 \\ 1 \\ 0 \end{pmatrix} + b \cdot \begin{pmatrix} 4 \\ -3 \\ 0 \end{pmatrix} \quad \rightarrow \quad \textbf{Das GLS ist nicht lösbar!}$$

$\rightarrow \quad$ Die Ebenen sind <u>nicht identisch</u>! $\qquad$ (GLS ist nicht lösbar)

$\rightarrow \quad$ Die Ebenen verlaufen parallel! $\qquad$ ($\vec{n_1} ; \vec{n_3}$ sind linear abhängig)

---

3) Untersuchung der Ebenen E_4 und E_5:

Berechnung der Normalenvektoren $\rightarrow$ Kreuzprodukt der Richtungsvektoren

$$\vec{n_4} = \begin{pmatrix} 1 \\ -2 \\ 1 \end{pmatrix} \text{ (ablesen)} \; ; \qquad \vec{a} \times \vec{b} = \begin{pmatrix} 0 \\ 1 \\ 1 \end{pmatrix} \times \begin{pmatrix} 2 \\ 0 \\ -1 \end{pmatrix} = \begin{pmatrix} -1 \\ 2 \\ -2 \end{pmatrix} \quad \rightarrow \; ; \quad \vec{n_5} = \begin{pmatrix} -1 \\ 2 \\ -2 \end{pmatrix}$$

Es gilt: $\vec{n_4}$ kann <u>nicht</u> durch $\vec{n_5}$ dargestellt werden

$\rightarrow \quad \vec{n_4} \nparallel \vec{n_5}$

Für die Berechnung günstig: Eine Ebene in der Normalenform (Wandle ggf. zunächst eine Ebenengleichung um)

$\rightarrow \quad$ **Berechnung des Schnittgeraden: E_5 in E_4 einsetzen!**

$$\left[\begin{pmatrix} 2 \\ 3 \\ 1 \end{pmatrix} + h \cdot \begin{pmatrix} 0 \\ 1 \\ 1 \end{pmatrix} + i \cdot \begin{pmatrix} 2 \\ 0 \\ -1 \end{pmatrix} - \begin{pmatrix} 0 \\ -2 \\ 0 \end{pmatrix} \right] \cdot \begin{pmatrix} 1 \\ -2 \\ 1 \end{pmatrix} = 0 \quad \rightarrow \quad \left[h \cdot \begin{pmatrix} 0 \\ 1 \\ 1 \end{pmatrix} + i \cdot \begin{pmatrix} 2 \\ 0 \\ -1 \end{pmatrix} + \begin{pmatrix} 2 \\ 5 \\ 1 \end{pmatrix} \right] \cdot \begin{pmatrix} 1 \\ -2 \\ 1 \end{pmatrix} = 0$$

$\rightarrow \quad$ Komponentendarstellung der Klammer führt zu:

→ Komponentendarstellung der Klammer führt zu:

$$\left[h\cdot\begin{pmatrix}0\\1\\1\end{pmatrix}+i\cdot\begin{pmatrix}2\\0\\-1\end{pmatrix}+\begin{pmatrix}2\\5\\1\end{pmatrix}\right]\cdot\begin{pmatrix}1\\-2\\1\end{pmatrix}=0 \quad\rightarrow\quad \left[\begin{matrix}0\cdot h+2\cdot i+2\\1\cdot h+0\cdot i+5\\1\cdot h+(-1)\cdot i+1\end{matrix}\right]\cdot\begin{pmatrix}1\\-2\\1\end{pmatrix}=0$$

Berechnung des Skalarprodukts:

$$\left[\begin{matrix}0\cdot h+2\cdot i+2\\1\cdot h+0\cdot i+5\\1\cdot h+(-1)\cdot i+1\end{matrix}\right]\cdot\begin{pmatrix}1\\-2\\1\end{pmatrix}=0$$

$$\rightarrow\quad (0\cdot h+2\cdot i+2)\cdot 1+(1\cdot h+0\cdot i+5)\cdot(-2)+(1\cdot h+(-1)\cdot i+1)\cdot 1=0$$

Das Skalarprodukt liefert einen Zusammenhang zwischen den Parametern:

$$\rightarrow\quad 2\cdot i+2-2\cdot h-10+h-i+1=0 \quad\rightarrow\quad \boxed{i=7+h}$$

Einsetzen in die Parametergleichung von **E₅**:

$$g_1:\vec{x}=\begin{pmatrix}2\\3\\1\end{pmatrix}+h\cdot\begin{pmatrix}0\\1\\1\end{pmatrix}+(7+h)\cdot\begin{pmatrix}2\\0\\-1\end{pmatrix}$$

$$g_1:\vec{x}=\begin{pmatrix}2\\3\\1\end{pmatrix}+h\cdot\begin{pmatrix}0\\1\\1\end{pmatrix}+7\cdot\begin{pmatrix}2\\0\\-1\end{pmatrix}+h\cdot\begin{pmatrix}2\\0\\-1\end{pmatrix} \quad\Rightarrow\quad \boxed{g_1:\vec{x}=\begin{pmatrix}16\\3\\-6\end{pmatrix}+h\cdot\begin{pmatrix}2\\1\\0\end{pmatrix}}$$

Wir erhalten die Geradengleichung der Schnittgeraden von **E₄** und **E₅**.

(Zur Berechnung der Schnittgeraden beachte: Berechnung bei den Fällen, in denen die Ebenen durch andere Formen der Ebenengleichungen geben sind erfolgen ebenfalls dadurch, dass die eine Ebene in die andere eingesetzt wird. Die Berechnung ist dadurch dann im Detail unterschiedlich. Vgl. hierzu den entsprechenden Videobeitrag)

Aufgaben: Untersuche die gegenseitige Lage.

$$E_1:\vec{x}=\begin{pmatrix}-2\\-1\\0\end{pmatrix}+a\cdot\begin{pmatrix}1\\-1\\0\end{pmatrix}+b\cdot\begin{pmatrix}0\\0\\1\end{pmatrix}\;;\quad E_2:\left[\begin{matrix}\text{Ebene durch } A,B,C:\\A(0|-1|-1);B(0|1|-3)\\C(2|-1|-1)\end{matrix}\right]\;;\quad E_3:\left[\vec{x}-\begin{pmatrix}1\\2\\3\end{pmatrix}\right]\begin{pmatrix}-1\\-1\\0\end{pmatrix}=0\;;\quad E_4:-1\cdot x-1\cdot y+0\cdot z=3$$

Lösungen:

$$\rightarrow E_1\|E_3\;;\; E_1=E_4\;;\; \textbf{Schnittgerade } E_1,E_2\rightarrow g_1:\vec{x}=\begin{pmatrix}-1\\-2\\0\end{pmatrix}+c\cdot\begin{pmatrix}1\\-1\\1\end{pmatrix}\;;\; \textbf{Schnittgerade } E_2,E_3\rightarrow g_2:\vec{x}=\begin{pmatrix}5\\-2\\0\end{pmatrix}+c\cdot\begin{pmatrix}1\\-1\\1\end{pmatrix}$$

Alternative Formen für die gegebenen Ebenengleichungen:

$$E_2:\begin{matrix}A(0|-1|-1)\\B(0|1|-3)\\C(2|-1|-1)\end{matrix}\Leftrightarrow E_2:\vec{x}=\begin{pmatrix}0\\-1\\-1\end{pmatrix}+c\cdot\begin{pmatrix}0\\1\\-1\end{pmatrix}+d\cdot\begin{pmatrix}1\\0\\0\end{pmatrix}\;;\quad E_3:\left[\vec{x}-\begin{pmatrix}1\\2\\3\end{pmatrix}\right]\begin{pmatrix}-1\\-1\\0\end{pmatrix}=0\Leftrightarrow E_3:\vec{x}=\begin{pmatrix}1\\2\\4\end{pmatrix}+e\cdot\begin{pmatrix}1\\-1\\0\end{pmatrix}+f\cdot\begin{pmatrix}0\\0\\1\end{pmatrix}\;;\quad E_4:-1x-1y+0\cdot z=-3\overset{x=0\rightarrow y=3}{\Leftrightarrow}E_4:\left[\vec{x}-\begin{pmatrix}0\\-3\\0\end{pmatrix}\right]\begin{pmatrix}-1\\-1\\0\end{pmatrix}=0$$

Analytische Geometrie:

Schnittwinkel

Zur Berechnung von Schnittwinkeln wird jew.
der Normalenvektor der Ebene benötigt.

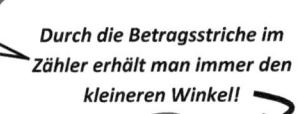

1) *Gerade und Gerade:* Siehe Winkel zw. Vektoren

$\longrightarrow$ *Berechne den Winkel zwischen den Richtungsvektoren.*

2) *Ebene und Gerade:*

Für den Schnittwinkel α zwischen einer

Geraden g_1 und einer Ebene E_1 gilt:

$$\frac{g_1 : \vec{x} = \vec{a} + r \cdot \vec{m}}{E_1 : \left[\vec{x} - \vec{b}\right] \cdot \vec{n_1} = 0} \quad \longrightarrow \quad \sin\alpha = \frac{\left|\vec{m} \cdot \vec{n_1}\right|}{\left|\vec{m}\right| \cdot \left|\vec{n_1}\right|}$$

[α liegt immer zwischen 0° und 90°]

$\vec{m}$: *Richtungsvektor von g_1*

$\vec{n_1}$: *Normalenvektor von E_1*

*(Dies ist der kleinste Winkel zwischen g_1 und
ihrer senkrechten Projektion auf die Ebene.)*

Durch die Betragsstriche im Zähler erhält man immer den kleineren Winkel!

Beispiel: $E_1 : \vec{x} = \begin{pmatrix} 2 \\ 3 \\ 1 \end{pmatrix} + h \cdot \begin{pmatrix} 0 \\ 1 \\ 1 \end{pmatrix} + i \cdot \begin{pmatrix} 2 \\ 0 \\ -1 \end{pmatrix}$; $g_1 : \vec{x} = \begin{pmatrix} 3 \\ -1 \\ 2 \end{pmatrix} + r \cdot \begin{pmatrix} -3 \\ 4 \\ 0 \end{pmatrix}$

Berechnung des Normalenvektors von E_1:

$$\vec{a} \times \vec{b} = \begin{pmatrix} 0 \\ 1 \\ 1 \end{pmatrix} \times \begin{pmatrix} 2 \\ 0 \\ -1 \end{pmatrix} = \begin{pmatrix} -1 \\ 2 \\ -2 \end{pmatrix} \quad \rightarrow \quad ; \quad \vec{n_1} = \begin{pmatrix} -1 \\ 2 \\ -2 \end{pmatrix}$$

Berechnung des Schnittwinkels:

$$\sin\alpha = \frac{\left|\vec{m} \cdot \vec{n}\right|}{\left|\vec{m}\right| \cdot \left|\vec{n}\right|} \quad \rightarrow \quad \sin\alpha = \frac{\left|\begin{pmatrix} -3 \\ 4 \\ 0 \end{pmatrix} \cdot \begin{pmatrix} -1 \\ 2 \\ -2 \end{pmatrix}\right|}{\left|\begin{pmatrix} -3 \\ 4 \\ 0 \end{pmatrix}\right| \cdot \left|\begin{pmatrix} -1 \\ 2 \\ -2 \end{pmatrix}\right|} = \frac{|11|}{|5| \cdot |3|} = 0,7\overline{3} \rightarrow \underline{\underline{\alpha \cong 47,167°}}$$

Aufgaben:

$E_2 : \vec{x} = \begin{pmatrix} 2 \\ 3 \\ 1 \end{pmatrix} + h \cdot \begin{pmatrix} 1 \\ -2 \\ 1 \end{pmatrix} + i \cdot \begin{pmatrix} 2 \\ 1 \\ -1 \end{pmatrix}$; $g_2 : \vec{x} = \begin{pmatrix} -3 \\ 2 \\ 2 \end{pmatrix} + t \cdot \begin{pmatrix} 4 \\ 1 \\ 1 \end{pmatrix}$; $g_3 : \vec{x} = \begin{pmatrix} -5 \\ 5 \\ 1 \end{pmatrix} + s \cdot \begin{pmatrix} 2 \\ -3 \\ 1 \end{pmatrix}$ (Lösung:

$\sphericalangle(g_2; g_3)\alpha \cong 67,7923°$
Schnittpunkt $(g_2; g_3) : (-3|2|2)$
$\sphericalangle(E; g_2)\alpha \cong 28,5608°$
$\sphericalangle(E_2; g_3)\alpha \cong 5,18379°$
)

3) Ebene und Ebene:

Für den Schnittwinkel α zwischen zwei Ebenen E_1 und E_2 gilt:

$$\frac{E_1 : \left[\vec{x} - \vec{b}\right] \cdot \vec{n_1} = 0}{E_2 : \left[\vec{x} - \vec{c}\right] \cdot \vec{n_2} = 0} \quad \rightarrow \quad \boxed{\cos\alpha = \frac{\left|\vec{n_1} \cdot \vec{n_2}\right|}{\left|\vec{n_1}\right| \cdot \left|\vec{n_2}\right|}}$$

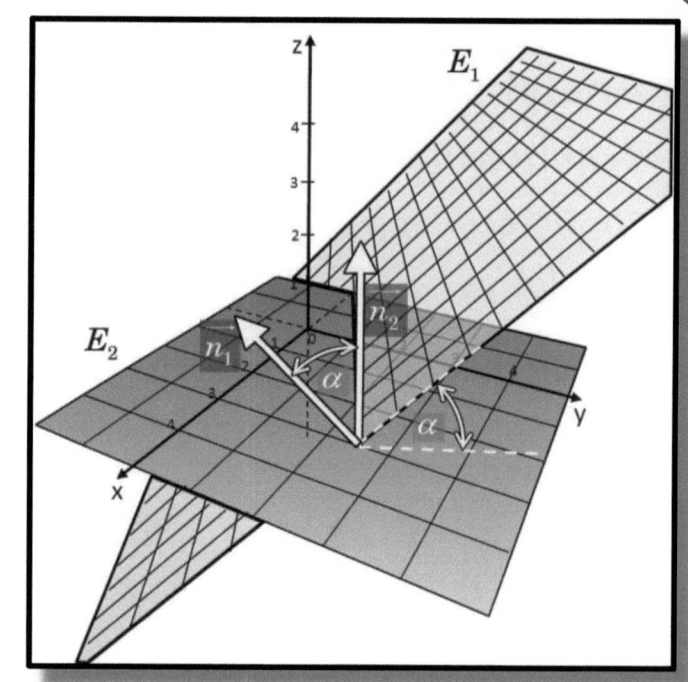

$\vec{n_1}$: Normalenvektor von E_1

$\vec{n_2}$: Normalenvektor von E_2

(Dies ist der kleinste Winkel zwischen $\vec{n_1}$ und $\vec{n_2}$)

Beispiel:
$$E_1 : \vec{x} = \begin{pmatrix} 2 \\ 3 \\ 1 \end{pmatrix} + h \cdot \begin{pmatrix} 0 \\ 1 \\ 1 \end{pmatrix} + i \cdot \begin{pmatrix} 2 \\ 0 \\ -1 \end{pmatrix} \quad ; \quad E_2 : \vec{x} = \begin{pmatrix} 1 \\ 1 \\ 0 \end{pmatrix} + s \cdot \begin{pmatrix} 1 \\ 0 \\ 0 \end{pmatrix} + t \cdot \begin{pmatrix} 0 \\ 1 \\ 0 \end{pmatrix}$$

Berechnung des Normalenvektors von E_1:

$$\vec{a} \times \vec{b} = \begin{pmatrix} 0 \\ 1 \\ 1 \end{pmatrix} \times \begin{pmatrix} 2 \\ 0 \\ -1 \end{pmatrix} = \begin{pmatrix} -1 \\ 2 \\ -2 \end{pmatrix} \quad \rightarrow \quad ; \quad \vec{n_1} = \begin{pmatrix} -1 \\ 2 \\ -2 \end{pmatrix}$$

Berechnung des Normalenvektors von E_2:
$$\vec{a} \times \vec{b} = \begin{pmatrix} 1 \\ 0 \\ 0 \end{pmatrix} \times \begin{pmatrix} 0 \\ 1 \\ 0 \end{pmatrix} = \begin{pmatrix} 0 \\ 0 \\ 1 \end{pmatrix} \quad \rightarrow \quad ; \quad \vec{n_2} = \begin{pmatrix} 0 \\ 0 \\ 1 \end{pmatrix}$$

Berechnung des Schnittwinkels:

$$\boxed{\cos\alpha = \frac{\left|\vec{n_1} \cdot \vec{n_2}\right|}{\left|\vec{n_1}\right| \cdot \left|\vec{n_2}\right|}} \quad \rightarrow \quad \cos\alpha = \frac{\left|\begin{pmatrix} -1 \\ 2 \\ -2 \end{pmatrix} \cdot \begin{pmatrix} 0 \\ 0 \\ 1 \end{pmatrix}\right|}{\left|\begin{pmatrix} -1 \\ 2 \\ -2 \end{pmatrix}\right| \cdot \left|\begin{pmatrix} 0 \\ 0 \\ 1 \end{pmatrix}\right|} = \frac{|-2|}{|3| \cdot |1|} = 0,\overline{6} \rightarrow \underline{\underline{\alpha \cong 48,18968°}}$$

Aufgaben:

$$E_1 : \vec{x} = \begin{pmatrix} 2 \\ 1 \\ -2 \end{pmatrix} + r \cdot \begin{pmatrix} 2 \\ 1 \\ 1 \end{pmatrix} + s \cdot \begin{pmatrix} 2 \\ 0 \\ -1 \end{pmatrix} \quad ; \quad E_2 : \vec{x} = \begin{pmatrix} 1 \\ 3 \\ -1 \end{pmatrix} + h \cdot \begin{pmatrix} 1 \\ 2 \\ 3 \end{pmatrix} + i \cdot \begin{pmatrix} 4 \\ 1 \\ 3 \end{pmatrix} \quad ; \quad E_3 : \left[\vec{x} - \begin{pmatrix} -1 \\ 0 \\ 0 \end{pmatrix}\right] \cdot \begin{pmatrix} -3 \\ 2 \\ -1 \end{pmatrix} = 0$$

(Lösung: $\sphericalangle(E_1 ; E_2) \rightarrow \alpha \cong 29,550308°$; $\sphericalangle(E_1 ; E_3) \rightarrow \alpha \cong 40,696°$; $\sphericalangle(E_2 ; E_3) \rightarrow \alpha \cong 68,734°$)

Hesse'sche Normalenform der Ebene

Bei der Normalenform einer Ebene ist der Betrag des Normalenvektors belanglos. Der Normalenvektor einer Ebene kann auch durch einen anderen Vektor mit gleicher Orientierung, aber mit unterschiedlichem Betrag ersetzt werden. Es wird dann noch immer die gleiche Ebene beschrieben.

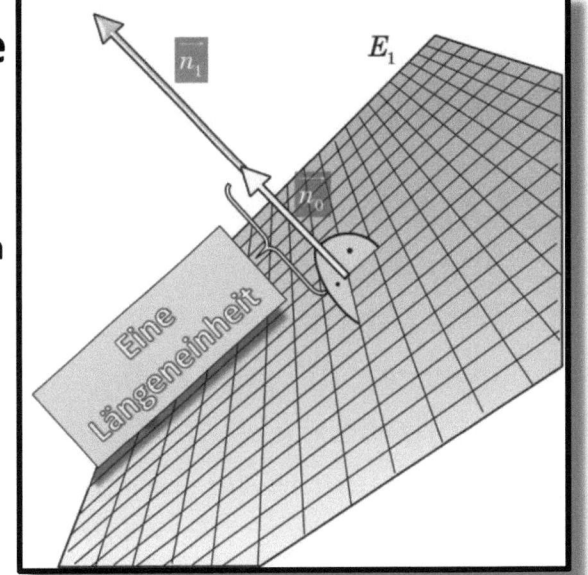

Beispiel:

$$E_1: \left[\vec{x} - \begin{pmatrix} 2 \\ 3 \\ 1 \end{pmatrix}\right] \cdot \begin{pmatrix} -1 \\ 2 \\ -2 \end{pmatrix} = 0 \qquad \rightarrow \quad \vec{n_1} = \begin{pmatrix} -1 \\ 2 \\ -2 \end{pmatrix}$$

Durch skalare Multiplikation erhalten wir einen Vektor mit gleicher Orientierung:

Wähle z.B. s=3:
$$\vec{n_1} = \begin{pmatrix} -1 \\ 2 \\ -2 \end{pmatrix} \quad \rightarrow \quad \vec{n_2} = 3 \cdot \vec{n_1} = \begin{pmatrix} -3 \\ 6 \\ -6 \end{pmatrix}$$

Die neue Normalenform der Ebene lautet dann:

$$E_2: \left[\vec{x} - \begin{pmatrix} 2 \\ 3 \\ 1 \end{pmatrix}\right] \cdot \begin{pmatrix} -3 \\ 6 \\ -6 \end{pmatrix} = 0 \qquad \left(Es\ gilt: E_2 = E_1\right)$$

Wählt man den **Normalenvektor** so, dass sein Betrag genau **eine Längeneinheit** hat, dann ist diese spezielle Variante der Normalengleichung einer Ebene die **Hesse'sche Normalenform der Ebene (HNF)**.

Im Beispiel: Berechnung des Betrags des Normalenvektors im Beispiel:

$$\left|\vec{n_1}\right| = \sqrt{(-1)^2 + (2)^2 + (-2)^2} = 3$$

Normierung des Normalenvektors auf eine Längeneinheit:
Der Vektor wird durch seinen Betrag dividiert:

$$\vec{n_0} = \frac{\vec{n_1}}{\left|\vec{n_1}\right|} = \begin{pmatrix} \frac{-1}{3} \\ \frac{2}{3} \\ \frac{-2}{3} \end{pmatrix}$$

Wir ersetzen den ursprünglichen Normalenvektor und erhalten die Hesse'sche Normalenform der Ebene:

$$E_1: \left[\vec{x} - \begin{pmatrix} 2 \\ 3 \\ 1 \end{pmatrix}\right] \cdot \begin{pmatrix} -1 \\ 2 \\ -2 \end{pmatrix} = 0 \quad \rightarrow \quad \boxed{E_1: \left[\vec{x} - \begin{pmatrix} 2 \\ 3 \\ 1 \end{pmatrix}\right] \cdot \begin{pmatrix} \frac{-1}{3} \\ \frac{2}{3} \\ \frac{-2}{3} \end{pmatrix} = 0}$$

Hesse'sche Normalenform von E_1

Analytische Geometrie:

Abstandsberechnungen

1) Abstand: Punkt ↔ Ebene

Der Abstand eines Punktes ist die Länge der Lotstrecke, d.h. die Länge der Strecke $\overline{AF}$ (vgl. Abb.).

Vorgehen: (Lotfußpunktverfahren)

a) Bestimme die Gleichung der Lotgeraden g: Diese verläuft durch den Punkt A. Der Richtungsvektor ist gleich dem Normalenvektor $\vec{n}$ der Ebene.

b) Berechne dann den Schnittpunkt (=Lotfußpunkt) von g und der Ebene.

c) Bestimme den Abstand von A und F.

Beispiel: $E_1 : \vec{x} = \begin{pmatrix} 2 \\ 3 \\ 1 \end{pmatrix} + h \cdot \begin{pmatrix} 2 \\ 0 \\ -1 \end{pmatrix} + i \cdot \begin{pmatrix} 0 \\ 1 \\ 1 \end{pmatrix}$; $A(3|-1|4)$

zu a) Lotgerade → Normalenvektor von E_1

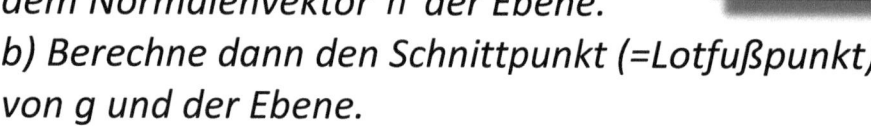

$$\vec{a} \times \vec{b} = \begin{pmatrix} 2 \\ 0 \\ -1 \end{pmatrix} \times \begin{pmatrix} 0 \\ 1 \\ 1 \end{pmatrix} = \begin{pmatrix} 1 \\ -2 \\ 2 \end{pmatrix} \rightarrow \vec{n_1} = \begin{pmatrix} 1 \\ -2 \\ 2 \end{pmatrix} ; \Rightarrow g : \vec{x} = \begin{pmatrix} 3 \\ -1 \\ 4 \end{pmatrix} + r \cdot \begin{pmatrix} 1 \\ -2 \\ 2 \end{pmatrix}$$

zu b) Schnittpunkt von E1 und g:

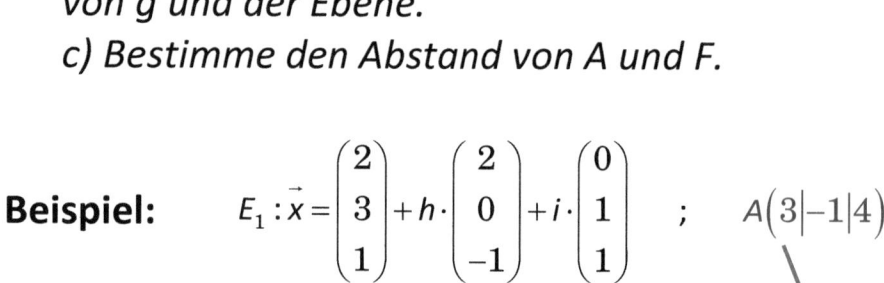

$$S : \left[\begin{pmatrix} 3 \\ -1 \\ 4 \end{pmatrix} + r \cdot \begin{pmatrix} 1 \\ -2 \\ 2 \end{pmatrix} - \begin{pmatrix} 2 \\ 3 \\ 1 \end{pmatrix} \right] \cdot \begin{pmatrix} 1 \\ -2 \\ 2 \end{pmatrix} = 0 \rightarrow r = -\frac{5}{3} \rightarrow \textbf{Schnittpunkt: } F\left(\frac{4}{3} \Big| \frac{7}{3} \Big| \frac{2}{3} \right) (= Lotfußpunkt)$$

zu c) Strecke $\overline{AF}$: $d(A;F) = \sqrt{(f_x - a_x)^2 + (f_y - a_y)^2 (f_z - a_z)^2} = \sqrt{\left(\frac{4}{3} - 3\right)^2 + \left(\frac{7}{3} - (-1)\right)^2 + \left(\frac{2}{3} - 4\right)^2} = \sqrt{25} = \underline{\underline{5}}$

Alternative Berechnung mittels Hesse'sche Normalenform der Ebene:

Setzt man die Koordinaten des Punktes in die HNF der Ebene ein, so erhält man direkt

den gesuchten Abstand: $d(A|F) = \left| \left[\begin{pmatrix} 3 \\ -1 \\ 4 \end{pmatrix} - \begin{pmatrix} 2 \\ 3 \\ 1 \end{pmatrix} \right] \cdot \begin{pmatrix} \frac{-1}{3} \\ \frac{2}{3} \\ \frac{-2}{3} \end{pmatrix} \right| \rightarrow d(A|F) = \underline{\underline{5}}$

Betragsstriche zur Vermeidung von negativen Ergebnissen

2) Abstand: Punkt ↔ Gerade
(Lotfußpunktverfahren)

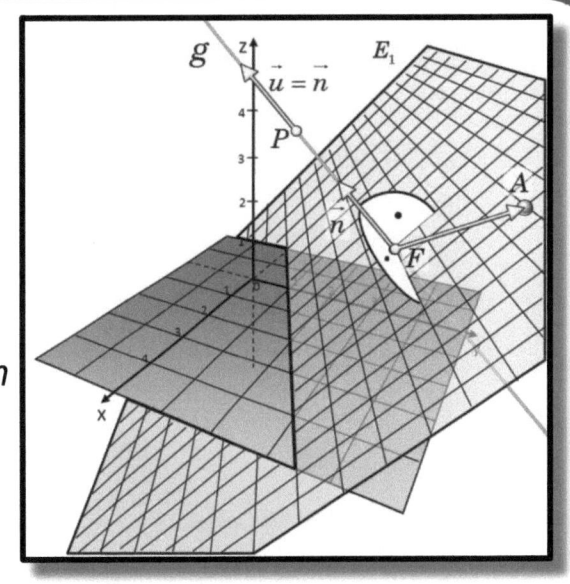

Der kürzeste Abstand eines Punktes A zu einer Geraden g soll berechnet werden.

Dieser Abstand entspricht in der Abbildung dem Betrag des Vektors $\overrightarrow{FA}$.

Zur Berechnung führen wir zunächst eine Hilfsebene E_1 ein. Die Gerade g steht auf der Hilfsebene senkrecht, d.h. der Richtungsvektor $\vec{u}$ der Geraden g ist gleich dem Normalenvektor $\vec{n}$ der Ebene E_1. Weiterhin wird als Stützvektor der Ebene wird jetzt der Ortsvektor zum Punkt A gewählt. Jetzt wird der Schnittpunkt von g mit E_1 berechnet → F. Der Betrag des Vektors $\overrightarrow{FA}$ ist der gesuchte Abstand des Punktes zur Geraden!

Beispiel:
$$g:\vec{x} = \begin{pmatrix} 4 \\ 0 \\ 6 \end{pmatrix} + r \cdot \begin{pmatrix} 1 \\ -2 \\ 2 \end{pmatrix} \; ; \quad A(2|5|3)$$

Hilfsebene E_1:
$$E_1: \left[\vec{x} - \begin{pmatrix} 2 \\ 5 \\ 3 \end{pmatrix} \right] \cdot \begin{pmatrix} 1 \\ -2 \\ 2 \end{pmatrix} = 0$$

Berechnung des Schnittpunkts F der Geraden g mit der Hilfsebene E_1:

$$F: \left[\underbrace{\begin{pmatrix} 4 \\ 0 \\ 6 \end{pmatrix} + r \cdot \begin{pmatrix} 1 \\ -2 \\ 2 \end{pmatrix}}_{g} - \begin{pmatrix} 2 \\ 5 \\ 3 \end{pmatrix} \right] \cdot \begin{pmatrix} 1 \\ -2 \\ 2 \end{pmatrix} = 0 \quad \rightarrow \quad \left[+r \cdot \begin{pmatrix} 1 \\ -2 \\ 2 \end{pmatrix} + \begin{pmatrix} 4 \\ 0 \\ 6 \end{pmatrix} - \begin{pmatrix} 2 \\ 5 \\ 3 \end{pmatrix} \right] \cdot \begin{pmatrix} 1 \\ -2 \\ 2 \end{pmatrix} = 0 \quad \rightarrow \quad \left[r \cdot \begin{pmatrix} 1 \\ -2 \\ 2 \end{pmatrix} + \begin{pmatrix} 2 \\ -5 \\ 3 \end{pmatrix} \right] \cdot \begin{pmatrix} 1 \\ -2 \\ 2 \end{pmatrix} = 0$$

$$\rightarrow \quad r \cdot (1+4+4) + (2+10+6) = 0 \quad \rightarrow \quad r = -\frac{18}{9} = -2$$

Einsetzen in die Geradengleichung:
$$F = \begin{pmatrix} 4 \\ 0 \\ 6 \end{pmatrix} + (-2) \cdot \begin{pmatrix} 1 \\ -2 \\ 2 \end{pmatrix} = \begin{pmatrix} 2 \\ 4 \\ 2 \end{pmatrix} \quad \rightarrow \quad F(2|4|2)$$

Berechnung des Betrags von $\overrightarrow{FA}$ (Abstandsformel):

$$d(A;F) = \sqrt{(2-2)^2 + (5-4)^2 + (3-2)^2} = \sqrt{2} \cong \underline{\underline{1,414}}$$

3) Abstand: Windschiefe Geraden
(Lotfußpunktverfahren)

Beispiel:

$$g_1 : \vec{x} = \begin{pmatrix} -4 \\ -5 \\ 4 \end{pmatrix} + t \cdot \begin{pmatrix} 4 \\ 3 \\ -2 \end{pmatrix} \quad ; \quad g_2 : \vec{x} = \begin{pmatrix} 2 \\ 4 \\ 1 \end{pmatrix} + r \cdot \begin{pmatrix} 0 \\ 1 \\ 2 \end{pmatrix}$$

Die Verbindungsstrecke des kürzesten Abstands zweier Geraden steht senkrecht auf beiden Geraden. Ein zugehöriger Richtungsvektor $\vec{n}$ ergibt sich aus dem Kreuzprodukt der Richtungsvektoren $\vec{u_1}$ und $\vec{u_2}$ der beiden Geraden.

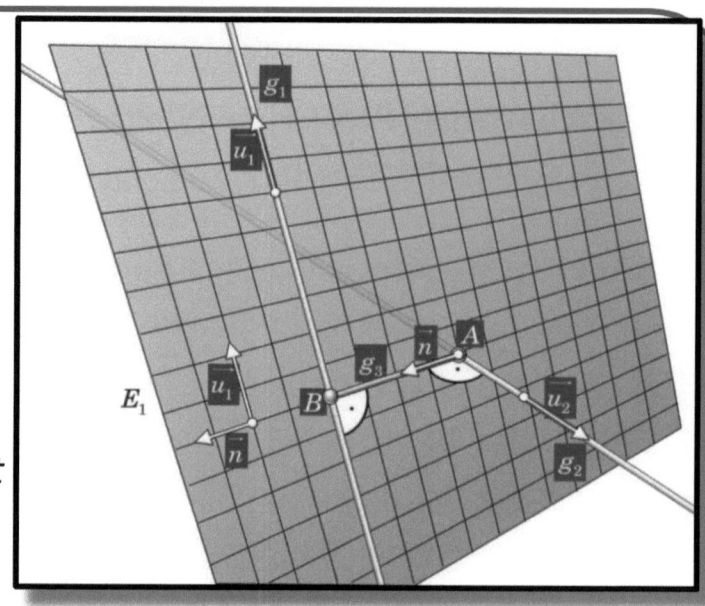

$$\vec{n} = \begin{pmatrix} 4 \\ 3 \\ -2 \end{pmatrix} \times \begin{pmatrix} 0 \\ 1 \\ 2 \end{pmatrix} = \begin{pmatrix} 8 \\ -8 \\ 4 \end{pmatrix} \qquad \left[\begin{array}{c} \textit{Jeder zu } \vec{n} \textit{ parallel verlaufende} \\ \textit{Vektor kann hier ebenfalls} \\ \textit{verwendet werden.} \to \vec{n_2} \end{array}\right] \qquad \vec{n} = 4 \cdot \begin{pmatrix} 2 \\ -2 \\ 1 \end{pmatrix} \to \vec{n_2} = \begin{pmatrix} 2 \\ -2 \\ 1 \end{pmatrix} \quad \left(\vec{n} \parallel \vec{n_2}\right)$$

Der Richtungsvektor $\vec{u_1}$ einer Geraden (z.B. g_1) und der Vektor $\vec{n_2}$ spannen eine Hilfsebene E_1 auf:

$$E_1 : \vec{x} = \begin{pmatrix} -4 \\ -5 \\ 4 \end{pmatrix} + r \cdot \begin{pmatrix} 4 \\ 3 \\ -2 \end{pmatrix} + s \cdot \begin{pmatrix} 2 \\ -2 \\ 1 \end{pmatrix} \quad \to \quad E_1 : \left[\vec{x} - \begin{pmatrix} -4 \\ -5 \\ 4 \end{pmatrix}\right] \cdot \begin{pmatrix} -1 \\ -8 \\ -14 \end{pmatrix} = 0$$

> *Kleinere Zahlen bei $\vec{n_2}$ erleichtern die Rechnung! (Es könnte auch mit $\vec{n}$ gerechnet werden.)*

Berechnung des Schnittpunktes A von E_1 und g_2:

$$A : \left[\begin{pmatrix} 2 \\ 4 \\ 1 \end{pmatrix} + r \cdot \begin{pmatrix} 0 \\ 1 \\ 2 \end{pmatrix} - \begin{pmatrix} -4 \\ -5 \\ 4 \end{pmatrix}\right] \cdot \begin{pmatrix} -1 \\ -8 \\ -14 \end{pmatrix} = 0 \; \Rightarrow \; \boxed{r = -1} \; \Rightarrow \; \begin{pmatrix} 2 \\ 4 \\ 1 \end{pmatrix} + (-1) \cdot \begin{pmatrix} 0 \\ 1 \\ 2 \end{pmatrix} = \begin{pmatrix} 2 \\ 4 \\ 1 \end{pmatrix} + \begin{pmatrix} 0 \\ -1 \\ -2 \end{pmatrix} = \boxed{\begin{pmatrix} 2 \\ 3 \\ -1 \end{pmatrix}}$$

(unter der Klammer: g_2)

Berechnung der Geradengleichung für die kürzeste Verbindungsstrecke:

$$g_3 : \vec{x} = \begin{pmatrix} 2 \\ 3 \\ -1 \end{pmatrix} + v \cdot \begin{pmatrix} 2 \\ -2 \\ 1 \end{pmatrix}$$

Berechnung des Schnittpunktes von g_3 und g_1:

$$\begin{pmatrix} -4 \\ -5 \\ 4 \end{pmatrix} + t \cdot \begin{pmatrix} 4 \\ 3 \\ -2 \end{pmatrix} = \begin{pmatrix} 2 \\ 3 \\ -1 \end{pmatrix} + v \cdot \begin{pmatrix} 2 \\ -2 \\ 1 \end{pmatrix} \quad \to \quad t = 2 \; ; \; v = 1 \quad \to \quad B : \begin{pmatrix} -4 \\ -5 \\ 4 \end{pmatrix} + 2 \cdot \begin{pmatrix} 4 \\ 3 \\ -2 \end{pmatrix} = \boxed{\begin{pmatrix} 4 \\ 1 \\ 0 \end{pmatrix}}$$

Berechnung des Abstands der Punkte A und B:

$$d(A;B) = \sqrt{(4-2)^2 + (1-3)^2 + (0-(-1))^2} = \sqrt{(2)^2 + (-2)^2 + (1)^2} = \sqrt{9} = \underline{\underline{3}}$$

Aufgaben - Abstandsberechnungen:

1) Abstand Punkt – Ebene:

$$E: \vec{x} = \begin{pmatrix} 1 \\ 0 \\ -2 \end{pmatrix} + r \cdot \begin{pmatrix} 0 \\ 1 \\ 2 \end{pmatrix} + s \cdot \begin{pmatrix} -4 \\ 0 \\ -1 \end{pmatrix} ; \quad A(-9|1|2) ; \quad B(1|-2|1) ; \quad C(5|-1|3)$$

2) Abstand Punkt – Gerade: Berechne den Abstand der Geraden g vom Punkt A.

$$g: \vec{x} = \begin{pmatrix} 5 \\ 7 \\ 7 \end{pmatrix} + r \cdot \begin{pmatrix} 1 \\ -1 \\ 0 \end{pmatrix} ; \quad A(-2|2|0) ; \quad B(1|2|3) ; \quad C(-1|5|-2)$$

3) Windschiefe Geraden:

$$g_1: \vec{x} = \begin{pmatrix} 4 \\ 5 \\ -4 \end{pmatrix} + t \cdot \begin{pmatrix} 0 \\ -4 \\ 6 \end{pmatrix} ; \quad g_2: \vec{x} = \begin{pmatrix} -3 \\ 0 \\ 7 \end{pmatrix} + r \cdot \begin{pmatrix} -1 \\ -4 \\ 3 \end{pmatrix} ; \quad g_3: \vec{x} = \begin{pmatrix} -2 \\ 1 \\ -4 \end{pmatrix} + r \cdot \begin{pmatrix} 4 \\ -2 \\ 1 \end{pmatrix}$$

Lösungen:

Abstand Punkt – Ebene: A 2LE ; B $\approx$ 3,1111 LE ; C $\approx$ 2,6667 LE

Abstand Punkt – Gerade: A 11LE ; B $\approx$ 7,5166 LE ; C $\approx$ 7,5166 LE

Windschiefe Geraden: $g_1 \leftrightarrow g_2$ 7 LE ; $g_1 \leftrightarrow g_3$ $\approx$ 4,8107 LE ; $g_2 \leftrightarrow g_3$ $\approx$ 8,2087 LE ;